ポイント

POINT &
PAYMENT SERVICE
COMPLETE
GUIDE

&スマホ決済&電子マネー
完全攻略ガイド

キャッシュレスで得する㊙技

クレナビ管理人 著

技術評論社

ご注意：ご購入・ご利用の前に必ずお読みください

・本書に記載された内容は、特に断りのない限り、2019 年 4 月現在の最新情報をもとにしています。

・本書の発行後に行われる変更などによって、本書の内容と異なる場合があります。あらかじめご了承ください。

・本書はオープンになっている情報をもとに、著者の個人的見解で執筆されています。よって本書の内容については、関係各社は一切関係がありません。あらかじめご了承ください。

・社名および商品名などは、それぞれ各社の商標または登録商標です。

以上の注意事項をご承諾いただいたうえで、本書をご利用願います。これらの注意事項をお読みいただかずに、お問い合わせいただいても、技術評論社および著者は対処しかねます。あらかじめご了承ください。

はじめに

　本書を手に取っていただいたということは、あなたはちょっとした工夫でポイントを賢く貯める「ポイ活」に興味のある方だと思います。

　私が積極的にポイ活を始めたのは 2018 年 1 月頃です。その数か月後には 10 万ポイント以上を貯めることができました。決して特別なことをしたわけではなく、ポイ活の基本を理解し、日常生活で実践しただけです。

　現在では、貯めたポイントで以下のような生活を実現できています。

・携帯料金はポイント払いで実質 0 円
・飛行機代や宿泊費もポイント払いで実質 0 円
・整体やマッサージもポイント払いで実質 0 円

　本書ではポイ活を全力で楽しむために必要な最低限の情報を掲載しています。本書の内容を理解したうえで効果的なポイ活を実践すれば、あなたも数か月後には、今までよりもっと豊かで楽しい生活を送ることができるはずです。ぜひこれを機にあなたも私と一緒にポイ活を始めてみませんか？

2019 年 4 月
クレナビ管理人

目次

1章 ポイントって何だろう?

1-1	そもそもポイントって何?	10
1-2	主なポイントを理解しよう	13
1-3	ポイントはどうやって貯める?	18
1-4	ポイントカードを手に入れよう	21
1-5	アプリをインストールしてアカウントを取得しよう	25
1-6	スマホアプリで情報を確認する	34

2章 ポイントの獲得&利用ノウハウを理解しよう

2-1	ポイントの倍率はどうやって計算する?	38
2-2	通常ポイントと限定ポイントの違いを理解しよう	41
2-3	キャンペーンに参加してポイントを稼ごう	44
2-4	クレジットカードを活用してポイントを稼ごう	48
2-5	一度の買い物で複数ポイントをゲット ── 多重取り	51

3章 ポイントサイトの利用&ポイント交換を理解しよう

3-1	ポイントサイトを理解しよう	60
3-2	ポイントサイトのメリットを理解しよう	64
3-3	主なポイントサイトを理解しよう	66
3-4	ポイントサイトの利用手順	70
3-5	どのポイントサイトがお得か調べる	74
3-6	ポイントを効率的に交換する	78
3-7	ポイントサイト利用時の注意点	82
3-8	覆面調査モニターでポイントを獲得	86

4章 スマホ決済でがっちり得する

4-1	スマホ決済を理解しよう	88
4-2	PayPay ── 特大キャンペーンで新規開拓を狙う注目サービス	94
4-3	楽天ペイ ── 加盟店が多く楽天他サービスとの連携が強み	96

Contents

4-4 LINE Pay ── 送金や割り勘、リアルカードなど
機能が充実 ……………………………………………… 98

4-5 d払い ── ドコモ契約者はお得が多い ……………… 101

5章 電子マネーでがっちり得する

5-1 電子マネーを理解しよう ……………………………… 104

5-2 nanaco ── セブンマイルプログラムとともに
新たなステージへ ………………………………………… 108

5-3 WAON ── イオングループを中心にお得に使える… 110

5-4 楽天Edy ── 対応店舗数が最も多く使いやすい …… 112

5-5 Suica ── 電車やバスの利用がスムーズに ………… 114

5-6 後払い式の電子マネー ── iD、QUIC PAY ………… 116

6章 楽天ポイントでがっちり得する

6-1 楽天ポイントは貯めやすく用途が豊富 …………… 120

6-2 SPUでポイント大量獲得を狙おう ………………… 126

6-3 楽天カードは大量ポイントゲットの必須アイテム …… 130

6-4	楽天銀行・楽天証券の利用でポイントを獲得	133
6-5	キャンペーンを最大限に活用しよう	137
6-6	Rebatesは最強の楽天ポイント獲得サービス	139
6-7	アプリ・サービスを使ってタダで ポイントを貯めよう	141
6-8	期間限定を上手に使って得しよう	145

7章 dポイントでがっちり得する

7-1	dポイントはNTTドコモユーザーを中心に お得が大きい	150
7-2	dカードはdポイント獲得の必須アイテム	155
7-3	dマーケットの高還元キャンペーンを利用しよう	161

8章 Pontaポイントでがっちり得する

| 8-1 | Pontaポイントは幅広い使いみちの
ユーティリティポイント | 164 |
| 8-2 | Pontaポイントにはリクルートカードがオススメ | 168 |

Contents

9章 Tポイントでがっちり得する

9-1 Tポイントは実績のある定番ポイント ……………… 174

9-2 Yahoo! JAPANのサービスで有効活用 ……………… 179

9-3 実店舗でもお得に使える
―― ファミリーマート、ウエルシア ……………… 186

索引 …………………………………………………………… 190

1章

ポイントって何だろう?

本章では、これまでポイントを意識せずに買い物してきた方や、ポイントをどうすれば貯められるのかがわからないなどの「ポイ活」初心者でもポイントのことがしっかり理解できるよう、基本的な知識をまとめています。

1-1

1章 ポイントって何だろう？

KEYWORD | ポイント | 基本

そもそもポイントって何?

まず最初にポイントとはどんなものなのか、その全体像を押さえておきましょう。

そのお店でしかポイントを使えない?

本書を手にとった方の中で「ポイントカードを持ったことがない」という人はほとんどいないと思います。というのも、遠い昔からスーパーや本屋、アパレルショップなど、あらゆるお店でポイント制度が採用されているからです。

最初に買い物した際などにお店の人から「ポイントカードを作りますか？」と聞かれ、いわれるがままにしていたら、財布に入りきらないほどポイントカードを作っていた経験がある方も多いと思います。

これらのカードは、基本的にポイントカードを作ったお店（チェーン）でしか利用できません。つまり、そのお店で貯めたポイントはそこでしか使えないのです。よく利用しているお店であれば非常に便利ですが、年に数回しか利用しないお店だとカードを持ち合わせていなかったり、いつのまにかポイントの有効期限が切れていることも珍しくありません。

共通ポイントはいろいろなお店で利用できる

本書で解説するポイントとは、先ほど取り上げたお店ごとによるものではありません。たとえば、レンタルショップで貯めたポイン

トをコンビニで利用したり、ネットショッピングで貯めたポイントをガソリンスタンドで利用するなど、お店や業種を飛び越えていろいろなところで貯めたり、利用したりできるポイントです。このようなポイントを**共通ポイント**と呼びます。なお本書では**ポイント**と略して解説を進めています。

いろいろなところで利用できるといっても、そのポイントの加盟店でなければいけません。つまりポイントを活用するためには、**自分の生活圏や行動範囲にどのポイントの加盟店があるか把握したうえで、ポイントを活用する**必要があります。

日々の生活でポイントを貯めることを「**ポイ活**」と呼ぶこともあります。本書でもポイントに関連する一連の行動をポイ活と表記しています。

◆いろいろなお店で使えるのが共通ポイント

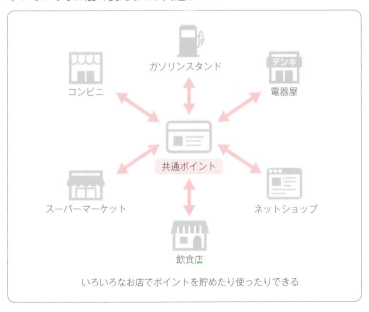

いろいろなお店でポイントを貯めたり使ったりできる

ポイ活のメリット

　一言で「ポイ活」といっても、読者のみなさんはどんなものかピンとこないかもしれません。ポイ活をはじめるメリットを簡単にまとめると以下のとおりになります。

・誰でもお金をかけずにはじめられる
・現金よりもお得に買い物できる
・スマホを使ってスキマ時間でできる

　では、なぜポイントをたくさん貯められる人とそうでない人がいるのでしょうか。いろいろな理由が考えられますが、「**最初の登録が面倒**」「**慣れているからいつも現金で払ってしまう**」「**貯める方法を覚えるのが複雑でわかりにくい**」など、少し慣れれば簡単にできるのに、それを避けていることがまず挙げられます。

◆ ポイントを貯められない主な理由

　ポイ活の世界に入るための少々の手間を惜しまなければ、先ほど挙げたメリットを受けることができるのです。

主なポイントを理解しよう

　ポイント（共通ポイント）にはどのような種類があるのでしょうか。ポイントにも多くの種類がありますが、本書では全国的に利用者が多く、ポイントを貯めやすい以下のポイントを紹介します。

・楽天スーパーポイント（以下楽天ポイント）
・dポイント
・Pontaポイント
・Tポイント

◆ 主なポイント

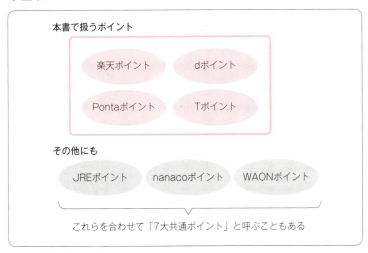

楽天ポイント

楽天スーパーポイント（以下楽天ポイント）は、楽天が運営し、国内最大級の総合ショッピングモール「楽天市場」を中心に利用できるポイントです。

楽天ポイント自体は2002年に始まっていますが、共通ポイントとして利用できるようになったのは楽天ポイントカードが発行された2014年からです。

楽天は楽天市場以外にも旅行予約サイトの楽天トラベル、本やDVDを購入できる楽天ブックスなど、幅広く商品を扱っているため、ポイントを貯めやすいだけでなく、利用するところもたくさん存在することが長所です。

また楽天以外の加盟店も多く、楽天Pay、楽天Edyなどの電子マネーとの連携も充実しているため、使い勝手のよいポイントといえるでしょう。

詳細については6章を参照してください。

◆ 楽天ポイントクラブ（PC）

dポイント

　dポイントは、日本の最大手移動体通信事業者であるNTTドコモ（以下NTTドコモ）が運営しているポイントです。以前はドコモポイントという名前でしたが、2015年にdポイントという名前となり、お店などの加盟店でも使える共通ポイントになりました。

　ポイントを貯めやすいのが特徴で、特にNTTドコモユーザーでかつdカードGOLDというクレジットカードを持っていると携帯料金の10％のポイントが貯めることができます。NTTドコモユーザーにとっては特にお得なポイントといえるでしょう。

　詳細については7章を参照してください。

◆dポイントクラブ（PC）

Pontaポイント

　Pontaポイントは、三菱商事系列のロイヤリティ マーケティングが運営しているポイントです。楽天ポイント、Tポイントと合わせて3大ポイントと呼ばれることもあります。

　リクルートポイントと提携しているため、じゃらんやホットペッパーの利用でPontaポイントを貯めることができます。またdポイントとの相互交換が可能なため、使いみちが広いポイントといえます。

　詳細については8章を参照してください。

◆ Ponta Web (PC)

Tポイント

　Tポイントは、Tポイント・ジャパン（カルチュア・コンビニエンス・クラブの関連会社）が運営しているポイントです。2003年開始と本書で紹介する共通ポイントとしては一番歴史が古く、幅広い業種で利用可能です。

　もともとはDVDレンタルや本屋であるTSUTAYAの会員カードとして始まりました。青と黄色のマークは一度は見かけたことがあるはずです。

　詳細については9章を参照してください。

◆Tサイト (PC)

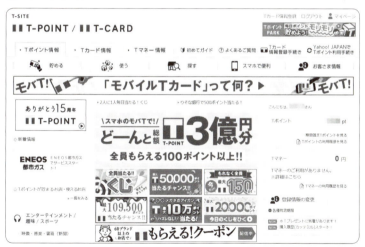

　これらのポイントのほかに、JREポイント、nanacoポイント、WAONポイントを入れて「7大ポイント」と呼ぶこともあります。

1-3

1章　ポイントって何だろう?

KEYWORD | ポイント | 獲得方法

ポイントはどうやって貯める?

　ポイントの存在は知っていてもどうやって貯めたらよいのかわからない方もいることでしょう。ここでは、ポイ活をはじめる前に理解しておきたいことを解説します。

どのポイントを貯めるとよいのか

　1-2で紹介したポイントは貯め方も使い方も異なります。どのポイントを重視するかはご自身の住んでいる地域や職場などによって変わってきます。**普段利用しているお店ではどのポイントに加盟しているのか、自宅や会社の近くにあるコンビニなどをあらかじめ把握しておく**ようにしましょう。

　たとえば、自宅と会社から一番近いコンビニがローソンであった場合、ファミリーマートやセブンイレブンを利用する機会は少なくなるでしょう。そのような人は、ローソンが加盟しているdポイントかPontaポイントを貯めるのが一番効率的といえます。

　またネットショッピングにおいても同様です。自分がよく使うネットショップやネットサービスでポイントを採用している場合は、そのポイントを貯めるようにするとよいでしょう。お店よりもネットショップのほうがポイントを貯めやすい傾向にありますので、特に注意しておいてください。

　このように自分にとって貯めやすい、もしくは利用しやすいポイントが何かをあらかじめ調べておき、そのポイントのことを把握しておくことで、快適な「ポイ活」を送ることができるはずです。

18

◆ 自分がよく使うお店で貯まるポイントを把握しておく

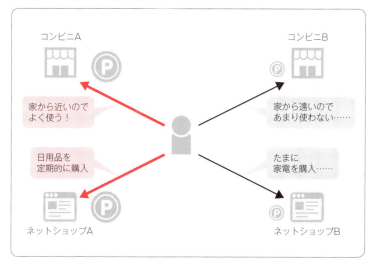

ポイントを貯める手段はいろいろ

　ポイントを貯めるというと、商品を購入してお金を支払うときにポイントカードを一緒にお店の人に渡すという方法が思い浮かぶかもしれません。しかし、現在ではそれも含めて以下に挙げる方法でポイントを貯めることができます。

・ポイントカードやアプリで貯める
・ネットショッピングで貯める
・ポイントサイトで貯める
・クレジットカードや電子マネーで貯める
・サービスの利用で貯める

レジでカードを提示してポイントを貯める以外にも、いろんな方法を使ってポイントを貯めることができます。中にはポイントを多重取りしてより多くのポイントを貯めることができる裏技もあります（2章参照）。

◆ ポイントを貯める手段はいろいろある

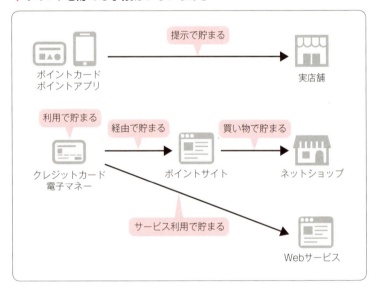

1-4

KEYWORD | ポイント | カード・アプリ

ポイントカードを手に入れよう

ポイントを貯めるためにまず必要なものは**ポイントカード**です。プラスチック製カードの他に**スマホアプリ**、**一体型クレジットカード**などの種類があります。

ポイントカード

ポイントカードというと、プラスチック製のカードを思い浮かべることでしょう。このようなポイントカードはほとんどのポイントで用意されています。現在でも後述するスマホアプリより利用者は多いように見受けられます。

ポイントカードが欲しい場合は、一部のポイント加盟店などで配布していますので、それを入手してください。

◆ ポイントカードの配布場所

ポイント	配布場所
楽天ポイント	マクドナルド、くら寿司、出光、ツルハドラッグ、デイリーヤマザキなど
dポイント	ドコモショップ、ローソン、マクドナルドなど
Pontaポイント	ローソン、出光昭和シェルなど。Web登録による郵送も可
Tポイント	TSUTAYA、ウエルシアなど。ファミリーマート、牛角、ENEOSなどではWebでの登録が必要

1章・ポイントって何だろう？

◆Tポイントカードページ「T-SITE」(PC)

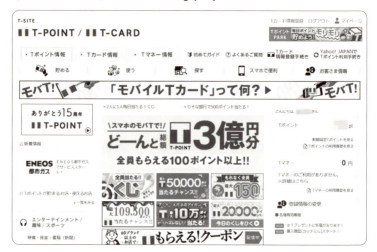

スマホアプリ

　プラスチック製カードの他にも、ポイントのスマホアプリがポイントカード代わりになります。プラスチック製カードが多くなると財布に入り切らなくなったり、なくしても気づかないなどの事態も考えられます。

　スマホアプリをインストールすれば、ポイントカードの役割を満たしたうえ、現在持っているポイントの確認なども行うことができます。スマホアプリの種類や導入方法については、楽天ポイントを例に 1-5 で解説しています。

◆ 楽天ポイントクラブアプリとdポイントクラブアプリ

一体型クレジットカードなど

　一体型クレジットカードとは、ポイントカードとクレジットカードの機能を1枚にまとめたものです。クレジットカードにポイントのロゴとポイント会員番号が入っていれば、一体型クレジットカードといってよいでしょう。

　一体型クレジットカードのメリットは、買い物したときに支払いとポイント獲得を同時に行えることです。購入金額に応じてクレジットのポイントとしても貯められるので一石二鳥のカードといえます。

　ただし、そのカードを紛失するとクレジットカードだけでなくポイントカードも使えなくなる、また再発行するときに再発行料が必要になるなどのデメリットもあります。

◆ 各ポイントの一体型クレジットカード

ポイント	一体型クレジットカード
楽天ポイント	楽天カード、楽天ゴールドカード、楽天プレミアムカード、楽天ANAマイレージクラブカードなど
dポイント	dカード、dカード GOLD
Tポイント	Tカードプラス、ヤフーカード、ファミマTカード、マジカルクラブTカード、日立チェーンストールTカード、島忠・HOME'S Tカード、ファミリアTカード、出前館Tカードなど
Ponta	Ponta Premium Plus、ローソンPontaカードVisa、JMBローソンPontaカードVisa、ローソンPontaカード ハウス、ルートインホテルズPontaVISAカード、シェル-Pontaクレジットカード、ヒマラヤPontaカードPlus、アルビスPontaカードプラス、ローソン Ponta プラスなど

1-5

KEYWORD | ポイント | アプリインストール

アプリをインストールして
アカウントを取得しよう

ポイントカードだけでもポイントは貯められますが、ポイントがどれだけ貯まっているかなどは確認できません。まだポイ活をはじめていないのであれば、スマホアプリの利用を検討するとよいでしょう。

各ポイントのスマホアプリ

各ポイントのスマホアプリは以下の表のとおりです。自分が貯めたいポイントのアプリを確認してみましょう。

アプリはiPhoneの場合はApp Store、Androidの場合はGoogle Playストアからインストールが可能です。

◆ 各ポイントのスマホアプリ

ポイント	アプリ
楽天ポイント	楽天ポイントクラブ＿楽天ポイント管理アプリ（楽天ポイントカードアプリなどもポイントカードとして利用可能）
dポイント	dポイントクラブアプリ
Tポイント	Tポイント（公式）
Ponta	Pontaカード（公式）

COLUMN

QRコードの読み取り

　QRコードを利用するためにはカメラでコードを読み取る必要があります。iPhone（iOS 11以降）の場合は、標準で入っているカメラでQRコードを読み取ることができます。一方Androidスマホの場合は専用の読み取りアプリをインストールして使用するか、LINEが入っている場合は、ウォレットにある「コードリーダー」で読み取ることができます。

◆iPhoneのカメラによるQRコードの読み取り

アプリのインストール

　アカウントの取得とアプリのインストールを行って、アプリを使うまでの手順を解説します。ここでは例として「楽天ポイントクラブ – 楽天ポイント管理アプリ」(以下楽天ポイントクラブアプリ)をインストールしていきます。その他のポイントアプリも基本的には同様の手順でインストールできます。

①Playストア（iPhoneはApp Store）のアイコンをタップします。

タップする

②画面上部の検索ボックス（iPhoneは「検索」をタップ）で「楽天ポイント」と入力すると、「楽天ポイントクラブ – 楽天ポイント管理アプリ」が表示されますので、「インストール」（iPhoneは「入手」をタップ）をタップします。

1章 ポイントって何だろう？

タップする

③ダウンロードとインストールが実行され、終了後は「開く」をタップします。

タップする

④機能の説明が表示されますので、「ログイン」をタップするとログ

イン画面が表示されます。

アカウントの取得に必要なもの

　スマホアプリを利用するにはポイントのアカウントが必要となります。このアカウントを取得するためには、以下の情報が必要となります。事前に用意しておくようにしましょう。

・メールアドレス

　ID取得にはメールアドレスは必須です。初期設定ではメールアドレスがポイントのアカウントになる場合もあります。またポイントに関する登録確認メールや、登録後はキャンペーンメールなどの受信などを行います。登録後はキャンペーンメールなどが大量に届くため、GmailやYahoo!メールなどでポイ活専用のメールアドレスを作成し、それを利用するとよいでしょう。

・アカウント名

　メールアドレスをそのままアカウントとしても利用できますが文字数が多くなるため、いちいち入力するのは面倒です。登録後に好きな文字列をアカウント名に設定できます。また各ポイントでアカウント名をバラバラにしているとあとでわからなくなるので、ポイ活用のアカウント名をあらかじめ考えておくとよいでしょう。

・パスワード

ユーザーIDと同じく、会員サイトにログインする際に入力が求められるのがパスワードです。サイトごとに「アルファベット7文字以上」とか「アルファベットと数字を組み合わせてください」などルールがあるので、自分が覚えやすいものを入力しましょう。

1章 ポイントって何だろう？

◆ アカウント取得に必要なもの

アカウントの取得手順

アプリはインストールできましたが、これだけでは利用できません。アカウントを取得する必要があります。引き続き楽天でのアカウント取得について解説します。

①ログイン画面下にある「楽天会員に登録（無料）」をタップします。

タップする

②メールアドレス(2ヵ所)、ユーザーID、パスワードを入力します。

ポイントって何だろう?

③スクロールして個人情報を入力し、「同意して次へ」をタップします。

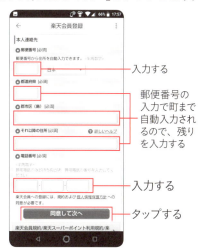

④入力した情報が表示されますので、確認して「登録する」をタップします。

　これで登録は完了です。ログイン画面で設定したユーザーID（メールアドレス）、パスワードを入力すると、利用規約の確認画面になりますので、チェックを入れて「利用登録をする」をクリックすると、アプリが利用可能になります。

楽天以外でのアカウント取得の注意点

　本書では詳しく解説しませんが、他のポイントのアカウント取得については以下の点に注意する必要があります。

・dポイント
　メールアドレスにワンタイムパスワード（特定の時間のみ有効なパスワード）が送付されますので、登録時にそれを入力する必要があります。

入力が無事完了するとdアカウントの発行通知が送付されます。

・Tポイント

Yahoo! JAPAN IDを取得して、そのIDで登録を行う必要があります。

・Ponta

スマホアプリではデジタルPontaカードが発行されますが、これだけでは磁気カードで読み取る加盟店など一部サービスが利用できません。すべてのサービスを利用する場合は、プラスチック製のPontaカードが必要です。Webで申し込みをして郵送してもらうか、ローソンや出光昭和シェルなどの加盟店の店頭で入手してください。

◆dアカウントの発行通知

1章 ポイントって何だろう？

1-6

KEYWORD　ポイント　アプリの使い方

スマホアプリで情報を確認する

1-5で楽天ポイントクラブアプリがインストールできました。このアプリを例にスマホアプリの使い方を見ていきましょう。

◆楽天ポイントクラブアプリの画面

画面の見方

①アプリのメニューが出てきます。設定やくじ、クーポンなどのメニューがあります。

②バーコード画面が表示されます。画面上部には利用可能ポイント

が表示され、ポイントを貯めるときや使用するときに表示します。

③楽天のサービスが一覧で表示されます。

④会員ステータスが表示されます。

⑤保有しているポイント数を確認できます。

⑥これまでのポイント履歴が確認できます。

⑦楽天ポイントで投資体験ができる「ポイント運用」が利用できます。

⑧楽天ポイントで楽天Edyのチャージができます。

COLUMN

楽天の会員ランク

楽天には以下の5つの会員ランクがあります。

・ダイヤモンド会員
・プラチナ会員
・ゴールド会員
・シルバー会員
・レギュラー会員

前月末日からさかのぼって6ヶ月間の獲得ポイント数とポイントの獲得回数によって毎月会員ランクが決められ、会員ランクによって特典が提供されます。

COLUMN

ポイント投資サービス

　貯めたポイントを買い物などで利用するのではなく投資に使えるサービスも提供されています。

● ポイント運用 by 楽天 PointClub

　楽天ポイント（通常ポイント）で100ポイント単位で手軽に運用が体験できるサービスです。「アクティブ」と「バランス」の2コースから選択でき、投資信託に連動してポイントが増減します。

● dポイント投資

　ロボアドバイザーサービス「THEO（テオ）」の投資信託に連動して手軽に運用が体験できるサービスです。「アクティブ」と「バランス」の2コースから選択でき、100ポイント単位で投資できます。

● Ponta ポイント運用

　STOCK POINTが提供するPontaポイントの投資サービスです。Ponta会員IDとは別のIDを取得する必要があり、投資を行う際はPontaポイントを銘柄ポイントに変換して利用します。投資信託、不動産投資信託の他、日本航空などの個別銘柄にも投資可能です。

● Tポイント投資

　SBIネオモバイル証券が提供するTポイントの投資サービスです。通常の証券会社と同様の口座開設が必要となり、1株単位（S株）で個別銘柄の株が購入できます。

2章

ポイントの獲得&利用
ノウハウを理解しよう

1章ではポイ活を行っていくうえでの基礎知識について解説しました。本章では、どのようにすればポイントを貯めることができるのか、また有効に使うことができるのか、そのノウハウについて解説します。

2-1

2章 ポイントの獲得&利用ノウハウを理解しよう

KEYWORD | ノウハウ | 計算方法

ポイントの倍率はどうやって計算する？

獲得ポイント計算の基本

ポイ活をはじめる前に知っておいて欲しいことはポイントの計算方法です。貯めたいポイントがどうなっているのか、以下の点を確認してみましょう。

- ポイントの基本還元率はどれぐらいか
- 税抜きと税込みのどちらで計算が行われるか

まず、**ポイントの基本還元率がどれくらいなのかを確認**してください。ほとんどのポイントは 100 円につき 1 ポイント（以降還元率 1％と表記します）、もしくは 200 円につき 1 ポイント（以降還元率 0.5％と表記します）で設定されています。キャンペーン（2-3 参照）時に「ポイント＋○倍」や「ポイント○倍」などと表記されますが、基本還元率を理解していないと、どれくらいポイントを獲得できるのか計算できません。

◆ ポイントの基本計算方法

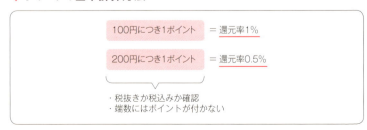

次にポイントは**税抜きもしくは税込みで計算されるのか確認**してください。たとえば、100円につき1ポイント貯まるお店で1,000円の買い物をしたとします。「これで10ポイントもらえるな」と思っていたら、9ポイントだったというのはよくあることです。これはそのポイントが税抜きで計算されるためです。

　また**「100円につき1ポイント」「200円につき1ポイント」という基本単位にも気をつける**ようにしましょう。たとえば、還元率1％のお店で398円の買い物をした場合は3ポイント獲得できますが、還元率0.5％のお店の場合は1ポイントしか獲得できません。

ポイント倍率の見方

　ポイントでいかに得するかは、キャンペーンでできるだけたくさんのポイントを稼げるかにかかっています。キャンペーンの詳細ページを見ると、「ポイント2倍」「ポイント＋2倍」などと記載されています。

　倍率は先ほど説明した基本還元率が基準となります。**「ポイント2倍」は還元率が1％のポイントの場合は2％、「ポイント＋2倍」は還元率が1％のポイントの場合は3％のポイント**を意味します。

◆ ポイント2倍とポイント＋2倍は違う

これだけであれば計算は単純ですが、一般的には**同じキャンペーンの中で複数の「ポイント○倍」が存在**します。これらのキャンペーンを組み合わせることで大量のポイントが獲得できるのです。

ポイント倍率計算の例

たとえば、あるキャンペーンで以下のように3つすべてのミッションをクリアした場合はどうなるでしょうか。

・ミッションAをクリアしたらポイント2倍
・ミッションBをクリアしたらポイント4倍
・ミッションCをクリアしたらポイント3倍

「2＋4＋3＝9倍だな」と思われるかもしれませんが、それは間違いです。正解は「1＋1＋3＋2＝7倍」となります。ポイント2倍は＋1倍を意味します。同様にポイント4倍は＋3倍、ポイント3倍は＋2倍となります。**基本となる1倍にこれらのプラス倍率を足したものが合計倍率**となるのです。

「倍だから、2×4×3＝24倍！」と極端な間違いをする人もいますが、**ポイント計算は足し算**ということに注意してください。

◆ ポイント倍率計算の例

2-2

KEYWORD | ノウハウ | ポイント種類

通常ポイントと限定ポイントの違いを理解しよう

通常ポイントと期間限定ポイントの違い

　ポイ活をしている人であれば、ポイントがいつの間にか失効していたという経験を一度はお持ちかと思います。一説には年間数百億円～数千億円のポイントが使われずに失効しているそうです。

　ポイントには有効期限があります。たくさん貯めることも大事ですが、無駄なく使うのも同じくらい大事なことです。そのためにまず知っておくべきことが**通常ポイント**と**期間限定ポイント**（Pontaポイントはなし、Tポイントは期間固定ポイント）の違いです。

◆ 通常ポイントと期間限定ポイントの期間と用途

	通常ポイント	期間限定ポイント
加盟店での支払い	○	○
他のポイントへの交換	○	×
マイルへの交換	○	×
有効期限	通常の有効期限が設定される	付与されるポイントごとに有効期限が設定される

期間限定ポイントを無駄にしない

　期間限定ポイントは使える期間が短く、また用途も限定されています。また「ポイント10倍」などの**キャンペーンで貯まるほとんどのポイントは期間限定ポイント**です。

たとえば、1,000 ポイントのうち、通常ポイントが 100 ポイント、残りの 900 ポイントは期間限定ポイントというのはよくあることです。

期間限定ポイントは非常に貯まりやすいのですが、利用期間が短いためポイントアプリや会員ページをこまめにチェックして有効期限を確認し、無駄にしないようにしましょう。

各ポイントの期間限定ポイントをいかに効率的に使うかについては、6 章～9 章で解説しています。

通常ポイントの有効期限を半永久にする

一方、**通常ポイントにも有効期限はあります**。楽天ポイント、Ponta ポイント、T ポイントの場合は 1 年間となっていますが、**その期間内にポイントを獲得すれば有効期限は自動的に延長されます**（ただし d ポイントのみ有効期限は 4 年間で、この延長制度はありません）。

たとえば、2019 年 5 月分獲得ポイントの有効期限は当初 2020 年 4 月に設定されますが、獲得から 1 年以内の 2019 年 12 月にポイントを獲得すれば、2019 年 5 月に獲得したポイントの有効期限も 2020 年 11 月に延長されます。

◆ 通常ポイントの有効期限は延長される

つまり通常ポイントを定期的に獲得していれば、事実上有効期限はなくなるのです。**期間限定ポイントは期限を確認して無駄なく使い、通常ポイントは期限が切れないよう1年間に1回以上は利用する**ようにしましょう。貯めた通常ポイントは高い買い物で使ったり、マイルに交換して海外旅行に使うなど、有意義な使い方をするのもよいでしょう。

期間限定ポイントの付与時期に注意

キャンペーンなどでプラスされるポイントのほとんどは期間限定ポイントと先ほど述べましたが、これらのポイントの付与時期についても注意が必要です。

たとえば「今ならポイント10倍！」というキャンペーンの場合、追加される＋9倍分はたいてい期間限定ポイントです。通常ポイントは買い物してまもなくもらえるのに対し、＋9倍分の期間限定ポイントは1〜2カ月後、かつ有効期限は1ヵ月しかないということもよくあります。

同一キャンペーンで獲得したからといって、同時にポイントがもらえるわけではなく、かつ利用期間もそれぞれですので、常に有効期限を気にする必要が出てきます。

◆ 期間限定ポイントの付与時期に注意

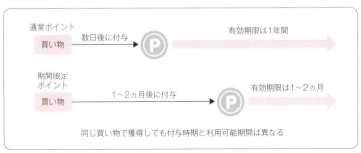

2-3

2章 ポイントの獲得&利用ノウハウを理解しよう

KEYWORD | ノウハウ | キャンペーン活用

キャンペーンに参加して
ポイントを稼ごう

各ポイントのキャンペーン

　よりたくさんのポイントを獲得するにはキャンペーンに参加するべきと先ほど述べましたが、各ポイントでは爆発的にポイントアップするキャンペーンをひんぱんに開催しています。

◆ 各ポイントの主なキャンペーン（2019年4月現在までの開催分）

ポイント名	キャンペーン名	倍数	説明
楽天ポイント	楽天スーパーSALE	最大43倍	1年に4回開催。楽天市場で一番大規模なキャンペーン。10店舗の買いまわりを達成し、SPU（第6章参照）、ショップ個別ポイントアップなどを組み合わせることで最大43倍
	お買い物マラソン	最大43倍	1年に8回開催（スーパーSALEがない月）。楽天スーパーSALEと同じく10店舗の買いまわりがある
	毎月5と0の付く日は楽天カードご利用でポイント5倍	最大5倍	毎月5、10、15日、20日、25日、30日に開催。楽天カード支払い分は＋2倍
dポイント	スーパーチャンス	最大50倍	不定期開催。2018年11月〜2019年1月にかけて「dポイント 魔法のスーパーチャンス！」を開催。買いまわりで最大20倍、ドコモのサービスの入会・利用で最大50倍
Tポイント	5のつく日キャンペーン	最大16倍	毎月5、15日、25日に開催。エントリー&アプリからの購入で＋4倍。ソフトバンクユーザーなど他条件との組み合わせで最大16倍

44

キャンペーンを一番盛んに開催しているのは楽天市場です。特に「楽天スーパーSALE」と「お買い物マラソン」は買いまわりで最大＋9倍されますので、この時期に欲しいものをまとめ買いするのもよいかもしれません。

　楽天市場ではこれら以外にもたくさんのキャンペーンを開催しています。楽天カレンダー (https://calendar.rakuten.co.jp/) というサービスを使って、楽天ユーザーが楽天ポイントアップカレンダー (https://calendar.rakuten.co.jp/cal/6286/) を公開しています。このような情報を参考にして、自分にあったキャンペーンを利用するのもよいでしょう。

◆ 楽天ポイントアップカレンダー (PC)

　楽天以外のポイントでも、dポイントでは「スーパーチャンス」、Tポイント (Yahoo！ショッピング) では「5のつく日キャンペーン」

などのキャンペーンで大量にポイントを獲得できます。

キャンペーン参加時の注意点

「ポイントを貯めるぞ！」と意気込んでキャンペーン期間中にたくさん買い物をしたにもかかわらず、ポイントがもらえなかったという経験がある方がいるかもしれません。

ほとんどのキャンペーンでは参加するためにエントリーが必須です。エントリーしていないと、たくさん買い物してもポイントはプラスされないので注意してください。

◆買い物マラソンのエントリーページ

また**各キャンペーンには付与されるポイントに上限が設けられています**。たとえば、楽天スーパーSALEの買いまわりでは1万ポイントです。

　またdポイントの場合は、2018年末に開催された「魔法のスーパーチャンス」では10万ポイント、2019年4月に開催された「dポイント 春のスーパァ〜チャンス」では1万ポイントでした。

　キャンペーンポイントがもらえる購入金額の上限は、楽天スーパーSALEの場合は以下の計算式で導き出せます。

10,000 ポイント ÷ 0.09（＋9倍）＝ 111,111 円

　つまり、11万1,111円以上購入してもキャンペーンポイントはもらえないことになります。

　なお、dポイントのスーパーチャンスは達成したミッションによって、ポイントの倍率が変わってきます。このようなキャンペーンではその倍率によって、キャンペーンポイントを獲得できる購入上限金額が変わってきます。

2章　ポイントの獲得&利用ノウハウを理解しよう

2-4

KEYWORD | ノウハウ | クレジットカード

クレジットカードを活用して
ポイントを稼ごう

ポイントを貯めやすいクレジットカード

　日本では何百種類ものクレジットカードが発行されているため、どれを使えばよいか迷ってしまうかもしれません。自分に適したクレジットカードは、貯めたいポイント、よく使うお店、還元率の違いなど、さまざまな要素があるため、人によって異なります。

　クレジットカードを多く持ちすぎるとその管理が大変になりますが、といって1枚に絞る必要性もありません。**ケース・バイ・ケースでクレジットカードを使い分ければ、今までよりたくさんのポイントを貯められます**。

　各ポイントを貯めやすいクレジットカードとして、本書では以下のクレジットカードをオススメします。詳しくは6章～9章を参照してください。

・楽天ポイント…楽天カード
・dポイント…dカード（GOLD）
・Pontaポイント…リクルートカード
・Tポイント…ヤフーカード

固定費はクレジットカードで支払う

　家計における固定費とは、定期的に一定額の支払いが発生する費用のことです。たとえば、以下のようなものが該当します。

- 住居費（住宅ローンや家賃など）
- 光熱費（電気、水道、ガスなど）
- 新聞代、NHK受信料
- 通信費（携帯電話、インターネットなど）
- 保険料（国民年金、生命保険、自動車保険など）

　この中で住居費以外については、クレジットカードで支払えるものが多くあります。たとえば、東京都における光熱費の場合は東京電力、東京ガス、東京都水道局などがクレジットカード払いに対応しています。

　ただし、自治体などによって異なりますので、利用している電気・水道・ガス会社のホームページで対応状況を確認してください。

◆東京ガスのクレジットカード払い申し込みページ (PC)

固定費をどのクレジットカードで支払うかは**自分が貯めたいポイントでまず検討する**とよいでしょう。たとえば、年間100万円の固定費を支払っている場合は、還元率1%で年間1万ポイントが貯まります。現金払いだと貯まらないものなので、最初の手続きは多少面倒でもクレジットカード払いに設定したほうがよいです。

クレジットカードの限度額に注意

ただ、クレジットカードの利用限度額については注意してください。これが低く設定されていると、固定費の支払いだけで限度額に達してしまうことがあります。

限度額になるとクレジットカードは一時的に利用できなくなり、固定費の支払いが滞って電気やガスなどが止められてしまう可能性があります。そのようなことにならないよう、固定費の支払いとその他の支払いを行うクレジットカードを分けておくとよいでしょう。

クレジットカードをたくさん作る必要がありませんが、**自分の都合に合わせて複数枚作ったうえで、使い分ける**のはポイ活にとってはたいへん有効な方法です。

2-5

KEYWORD | ポイント | 多重取り

一度の買い物で複数ポイントをゲット —— 多重取り

2

ポイントの獲得&利用ノウハウを理解しよう

二重取り、三重取りとは

ポイ活ブログなどで「二重取りを忘れないこと！」「三重取りも可能！」などの表現を見かけたことがないでしょうか。この二重取り、三重取りとはどのような意味なのでしょうか。

二重取り、三重取りとは、**一度の買い物で複数のポイントを同時に獲得する**ことです。これらを総称して**多重取り**と呼ぶこともあります。

一番シンプルな例がポイント加盟店での買い物です。たとえば、ファミリーマートはTポイントに対応していますが、商品購入の際にTポイントカードを提示し、支払いはクレジットカードで行ったとします。この場合はTポイントとクレジットカードの両方のポイントが獲得できるのです。

現金で支払った場合は、獲得できるのは還元率0.5％のTポイントのみですが（ファミランクがブロンズの場合）、ヤフーカードで支払いすると、クレジットカードのポイントとしてさらに1％、つまり合計で1.5％のTポイントを獲得できるのです。また、ポイントが付くスマホ決済（4章参照）や電子マネー（5章参照）でも二重取りは可能です。

51

◆ポイント二重取りの例

　三重取りはさらにお店独自のポイントを獲得したり、ポイントサイト経由の買い物でポイントサイトのポイントを獲得することで実現できます。

　多重取りの基本として、**よく利用するお店がどんなポイントに対応しているか確認する**こと、**支払いは現金ではなく、必ずキャッシュレス決済を利用する**ことを覚えておいてください。

多重取りの基本5パターン

　とはいっても、最初から多重取りを実行するのはけっこう難しいことです。ポイ活の先人たちがあみだした技を真似するのが一番近道ですが、最初はそのしくみを理解することさえ大変です。

　そこで次に**多重取りの基本5パターン**を示しますので、理解するようにしてください。

①クレジットカードのポイント
②楽天ポイントなどの共通ポイント（6章～9章参照）
③お店やチェーン店の独自ポイント
④ポイントサイトのポイント（3章参照）

⑤（クレジットカードでチャージした）電子マネーのポイント

①はクレジットカード利用でもらえるポイント、②は加盟店でもらえる共通ポイントです。③はマツモトキヨシ（ドラッグストア）のマツキヨポイントなど、お店やチェーン店独自のポイントです。これらは比較的理解しやすいのですが、④と⑤は知らない人が多いポイントかもしれません。

④はネットショッピングの際に経由するとたいへんお得なポイントサイトのポイントです。詳細については3章を参照してください。

⑤は「当たり前では？」と思われるでしょうが、**クレジットカード決済でチャージした**電子マネー利用での獲得ポイントです。実は電子マネーをチャージする際、一部クレジットカードで決済すると、そのクレジットカードのポイントを獲得できるうえ、チャージした電子マネーで利用ポイントももらえるという一粒で二度おいしい技があるのです。

◆ クレジットカードチャージ＋電子マネー利用で二重取り

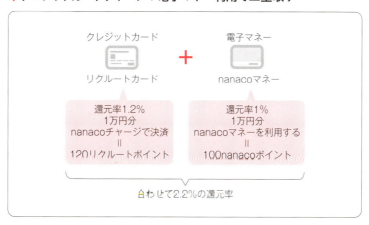

以降では事例を紹介しますが、これらのパターンを組み合わせると多重取りできるということを覚えておいてください。

いろいろな種類のポイントをどう使う?

ここまでで「いろいろなポイントがあると使うのも管理するのも面倒だ！」と思った方がいることでしょう。でも安心してください。③以外のポイントの多くは**相互交換やポイント交換サイトの利用で、特定のポイントに集約することが可能**です。

ただ、相互交換やポイント交換サイトもすべてに対応しているわけではありません。以下を念頭において多重取りに励むと、有意義なポイ活を過ごせるでしょう。

・明確な最終目標を決めておく
・目標達成に必要なポイントや交換ルートを確認する

たとえば、最終目標を「JALマイルを集めて特典航空券で海外に行きたい」と設定したにもかかわらず、JALマイルに交換できない楽天ポイントをたくさん集めても目標は達成できません。

また、モッピー (http://pc.moppy.jp/) というポイントサイトでは交換率50%（2ポイント→1マイル）でJALマイルに直接交換できますが、ポイントインカム (https://pointi.jp/) で直接交換すると交換率33%になります（他のポイントを経由して交換するとモッピー同様、交換率50%が可能です）。

このように相互交換やポイント交換サイトでは、**交換可能な組み合わせが存在し交換率も異なるため、一番効率のよいパターンを知っておく**必要があります。ポイント交換については3章で解説しますので参照してください。

ネットショッピングで多重取り

ここから多重取りの例を見ていきましょう。たとえば、楽天市場で買い物して三重取りする場合は、以下のような手順を実行します。

◆楽天市場で三重取り

まずポイントサイトにアクセスして、楽天市場へのリンクをクリックします（3章参照）。すると楽天市場のページに遷移しますので、いつもと同じように買い物し、支払いはクレジットカードで行います。

これで基本5パターンのうち、①（クレジットカードのポイント）、②（楽天市場で買い物した際の楽天ポイント）、④（ポイントサイトのポイント）を獲得できるのです。

またこのとき1点注意点があります。**ポイントサイトにあるリンクから目的のサイトに遷移したら、買い物が終わるまでブラウザを閉じたり、別のサイトを開いたりしない**ようにしてください。せっかく経由して買い物しても履歴が付かない場合があります。

また **Kyash**（キャッシュ、https://kyash.co/）というプリペイド式のアプリを使えば、ネットショッピングで四重取りも可能です。Kyashでは**決済金額の2%が還元**されますが、以下のようにクレジットカードと紐付ければ、四重取りが実現できます。

◆ Kyashを使って四重取り

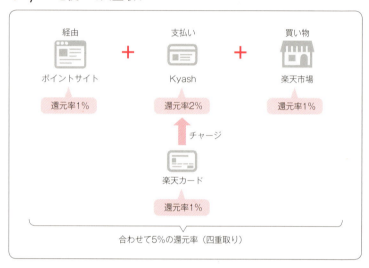

　手順が複雑に見えますが、一度Kyashとクレジットカードを紐付けすれば、クレジットカードと同様に使えますので、チャレンジしてみるとよいでしょう。

　なお、Kyashは2019年4月現在、**JCBやAMEXなどのクレジットカードは紐付けできない**のと、**3Dセキュア（ネットショッピング決済時に利用される本人認証サービス）に対応していない**ので注意してください。

実店舗で多重取り

次に実店舗で多重取りする例を紹介します。ここではツルハドラッグを例に解説します。

ツルハドラッグでは、独自のツルハポイントカードと楽天ポイントの両方をレジで提示できます。またスマホ決済や電子マネーにも多数対応しており、これらを組み合わせることで四重取りができます。

◆ **ツルハドラッグで四重取り**

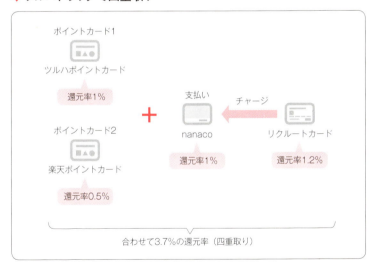

これで基本パターン①②③⑤の4つを獲得できました。2019年4月現在、リクルートカードでは月3万円までnanacoチャージが可能です。nanacoはセブンイレブンで公共料金の支払いに使える場合もありますので、活用するとよいでしょう。

ツルハドラッグは2つのポイントカードを使えるという珍しい

お店ですが、ポイント加盟店で**クレジットカードでチャージ可能な****スマホ決済もしくは電子マネーで支払い**すれば、①と⑤、そして②か③の３つのポイントは獲得できます。

　現金で支払っていると、このような多重取りは不可能です。自分に合った組み合わせを探し普段から実践すれば、１年に数万円単位でお得になるはずです。

3章

ポイントサイトの利用&ポイント交換を理解しよう

これまでで日常生活でいかに効率的にポイントを貯められるかが理解できたと思います。しかしそれ以上に一度に大量ポイントを獲得できる方法があります。それがポイントサイトの利用です。またポイントサイトで貯めたポイントを目的のポイントに交換する方法についても解説します。

3-1

3章　ポイントサイトの利用&ポイント交換を理解しよう

KEYWORD | ポイントサイト | 基本知識

ポイントサイトを理解しよう

ポイントサイトとは

ポイ活に欠かせないのが**ポイントサイト**です。このポイントサイトを活用するとポイントをたくさん貯めることができます。なぜなのでしょうか。本章で解説していきます。

ポイントサイトはお小遣いサイトとも呼ばれます。**一言でいえば広告サイト**です。知らない読者の方からすると「何だかあやしい……」と思われるかもしれません。

でも安心してください。ポイントサイトは会員登録を行う必要がはありますが、一切お金はかかりません。またポイ活を実践しているほとんどの人が利用しており、使い方次第では今までよりもたくさんのポイントを獲得できます。

ポイントサイトのしくみ

まずポイントサイトのしくみを理解しておきましょう。先ほどポイントサイトは広告サイトと述べましたが、テレビCMと比較して見ていきます。

たとえば、テレビCMを流したい場合、広告代理店などを経由してテレビ局にお金を支払います。それによって何百万人もの人に向けてテレビCMが流されますが、どれくらいの人がテレビCMに注目してくれたのか、またそれによってどれくらいの人が商品を買ってくれたかのかを正確に測ることは非常に難しいです。

一方ポイントサイトは**成功報酬型**を採用しています。これは**企業が提示した条件を達成した場合に限って報酬が支払われる**という型式の広告です。つまり「この商品やサービスを使ってくれたら」などの条件があり、ポイントサイトを経由して利用者を誘導できた場合は、ポイントサイトに報酬が支払われます。逆に条件が達成できない場合は企業は報酬を支払う必要がなく、効果的に広告を打つことができます。

　ポイントサイトは、企業から支払われた報酬の一部をポイントとして利用者に付与することで、ビジネスが成立しているのです。

◆ポイントサイトは広告サイトの1つ

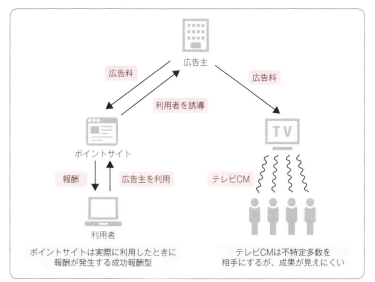

ポイントサイトで提供されるサービス

　ポイントサイトも広告サービスの1つですので、少しでも多く

の人に知ってもらいかつ利用してもらうために、いろいろなサービスを提供しています。以下は主な提供サービスとなりますが、ポイントサイトによって提供サービスは異なります。

・サイトにアクセス

1日1回サイトにアクセスするとポイント獲得

・メルマガの広告リンク

配信されるメルマガ内の広告リンクをクリックするとポイント獲得

・商品購入・サービス利用

ポイントサイトを経由して商品購入・サービス利用を行う。これが一番ポイント獲得できる方法

・アプリのダウンロード

無料アプリをダウンロードして起動するとポイント獲得

・資料の請求

セミナーや講座のパンプレットをポイントサイト経由で請求するとポイント獲得

・モニターへの参加

商品購入や店舗利用などの条件を満たすとポイント獲得

・アンケート

アンケートに回答するとポイント獲得

紹介報酬と還元報酬（ダウン報酬）

またいろいろな人にポイントサイトを使ってもらうために、紹介報酬と還元報酬（ダウン報酬）という制度が用意されています。

紹介報酬とは、友だちにポイントサイトを紹介し、その友だちが入会すると獲得できるポイントです。この報酬は友だちが登録したときの1回限りです。なお、友だちといっても実際の友だちに限らず、知り合いではないが自分のブログを経由して入会した人など

も友だちとして扱います。

還元報酬（ダウン報酬）とは、友だちがポイントサイトの広告を利用して獲得したポイントに応じて獲得できるポイントです。この報酬には2ティアと3ティアの2種類があります。

2ティアは紹介した友だちがポイントを獲得すると自分もポイントがもらえる制度です。一方**3ティア**は友だちの友だちがポイントを獲得した場合も自分にポイントがもらえる制度です。3ティアのほうがおいしく思えますが、一般的には**2ティアのほうが報酬が高い傾向**にあります。

基本的には広告利用によるポイント獲得が対象で、アンケートやアプリダウンロードは対象外です。また対象外の広告もあるなど、ポイントサイトによって還元報酬の条件は異なりますので、詳しくは各ポイントサイトで確認してください。

◆ 友だち紹介や友だちの利用でポイント獲得

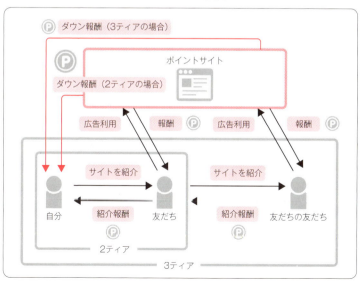

3章　ポイントサイトの利用&ポイント交換を理解しよう

3-2

KEYWORD　**ポイントサイト**　**メリット**

ポイントサイトのメリットを
理解しよう

ポイントサイトのメリット

　3-1でポイントサイトについて少し理解できたと思いますが、そのメリットを一言でいうと、**ポイントサイトを利用したほうが確実に多くのポイントを貯められ、そしてそのポイントをいろいろなことに使える**ことです。

無料でポイントを貯められる

　ポイントサイトにおけるポイント獲得条件の多くは、ポイントサイト経由の買い物や有料会員登録です。

　ただし、無料会員登録やアプリダウンロードなどでも獲得可能です。これらの報酬は少ないですが、大きなポイントを獲得した際の足しにしたり、数百ポイント単位で他社ポイントにも交換できます。

　ポイントサイトは電車での移動中や待ち時間など、ちょっとした時間があれば利用できますので、スマホゲーム代わりにポイ活するのもよいでしょう。

ポイントをいろいろなものに交換できる

　ポイントサイトのポイントの使い道は大きく以下の4つがあります。

・他社ポイント
・現金

・電子マネー
・ギフトカード

　ポイントサイトのポイントはいろいろなものに交換できます。楽天ポイントに交換してもよいですし、現金が欲しい場合は銀行振込も可能です。nanacoなどの電子マネーやAmazonギフトカードなど交換先は多岐にわたります。

◆ ポイントはいろいろなものに交換可能

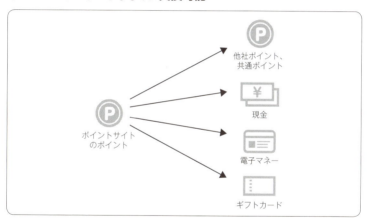

提携先ネットショップが多数

　ポイントサイトを経由してポイントを獲得できるネットショップは、楽天市場、Yahoo!ショッピング、Amazon、ヤフオク!など非常にたくさんあります。

　そのまま買い物するのではなく、**まずポイントサイトに広告が出ているか確認し、ある場合はそれを経由するクセをつける**ことを心がけましょう。

3 章 ポイントサイトの利用&ポイント交換を理解しよう

3-3

KEYWORD | ポイントサイト | 主要サイト

主なポイントサイトを
理解しよう

ポイントサイトにもいろいろある

ポイントサイトと呼ばれるサイトは 100 以上あるといわれています。すべてのサイトが使い勝手がよいわけではなく、一部には登録後にスパムメールがたくさん送られてきたり、ポイント交換の条件を非常に厳しくしてポイント交換をしにくくしているサイトもあります。

ここでは運営実績があり、多くのユーザーに利用されている主要ポイントサイトを紹介します。

モッピー

モッピー (http://pc.moppy.jp/) は東証一部上場のセレスが 2005 年から運営するポイントサイトです。レート (3-7 参照) は 1 ポイント = 1 円分です。

もともとモバイルからスタートし、その後に PC に対応したモッピーは本会員と PC 会員の 2 種類があります。本会員になるには携帯キャリアのメールアドレスで登録する必要があります。本会員は PC 会員よりも一部のポイント獲得時期が早くなったり、ポイント交換期間が短くなりますので、携帯キャリアのメールアドレスを持っていれば、そちらを利用して登録するとよいでしょう。

また無料アプリやタイピングなどの案件が多いため、お金を使わず空き時間を使ってポイントが貯められるという特徴があります。

66

ハピタス

ハピタス（https://hapitas.jp/）はオズビジョンが 2007 年から運営するポイントサイトです。芸能人を使った CM も放映しており、知名度は抜群に高いサイトです。レートは 1 ポイント＝ 1 円分です。

サイトを経由してもポイントが反映されない場合にポイント付与を保証する「お買い物あんしん保証」をいち早く取り入れ、還元率が高い案件も多いため、人気が高いサイトです。

◆ ハピタス (PC)

げん玉

げん玉（http://www.gendama.jp/）は東証マザーズ上場のリアルワールドが 2005 年から運営するポイントサイトです。ポイントサイトの中でも歴史が古く、会員数も 440 万人（2018 年 10 月現在）を超える国内最大級のポイントサイトです。レートは 10 ポイント＝ 1 円分です。

ポイントサイトでは珍しいポイント利息制度があります。これは

100ポイント所持しているユーザーを対象に年利1%でポイントに利息が付く制度です。

ドットマネー by Ameba

ドットマネー by Ameba(以下ドットマネー、https://d-money.jp/)は東証一部上場のサイバーエージェントが2015年から運営するポイントサイトです。レートは1ポイント＝1円分です。

ドットマネーは通常のポイントサイトと異なり、**ポイント交換サイト**として広く使われており、口座数は1,800万を突破しました(2019年3月現在)。ポイント交換については3-6を参照してください。

なお、ドットマネーモール(https://d-money.jp/mall)で広告やアメブロ、アプリ利用でドットマネーポイントを獲得可能です。

◆ドットマネー(PC)

Gポイント

Gポイント(https://www.gpoint.co.jp/)はジー・プランが2001年から運営するポイントサイトです。レートは1ポイント＝

1 円分です。

　Ｇポイントでは広告利用によってポイント獲得が可能ですが、前述のドットマネーと同様にポイント交換サイトとして広く利用されています。

その他の主要ポイントサイト

　この他にも多くの人が利用し、実績のあるポイントサイトは多数あります。

◆ その他の主要ポイントサイト

ポイントサイト名	URL	レート (3-7 参照)
club パナソニック	https://club.panasonic.jp/	1 コイン＝ 1 円分
colleee	https://colleee.net/	10 ポイント＝ 1 円分
ECナビ	https://ecnavi.jp/	10 ポイント＝ 1 円分
GetMoney	https://dietnavi.com/	10 ポイント＝ 1 円分
i2iポイント	https://point.i2i.jp/	10 ポイント＝ 1 円分
Potora	https://potora.jp/	10 ポイント＝ 1 円分
お財布 .com	https://osaifu.com/	1 コイン＝ 1 円分
すぐたま	https://www.sugutama.jp/	2mile ＝ 1 円分
ちょびリッチ	http://www.chobirich.com/	2 ポイント＝ 1 円分
ファンくる	https://www.fancrew.jp/	10Rポイント＝ 1 円分
ポイントインカム	https://pointi.jp/	10 ポイント＝ 1 円分
ポイントタウン	https://www.pointtown.com/	20 ポイント＝ 1 円分
ライフメディア	http://lifemedia.jp/	1 ポイント＝ 1 円分
ワラウ	https://www.warau.jp/	10 ポイント＝ 1 円分

3章　ポイントサイトの利用&ポイント交換を理解しよう

3-4

KEYWORD｜ポイントサイト｜利用手順

ポイントサイトの利用手順

ポイントサイトの利用手順

　ポイントサイトの利用手順は非常に簡単です。ポイントサイトにあるリンクをクリックして目的のサイトに飛び、その後は通常通り買い物を行うだけです。

　楽天市場で買い物する際に、ハピタスを経由する例で見てみましょう。

①ハピタス（https://hapitas.jp/）のページにログインする
②画面上部の検索ボックスに「楽天市場」と入力する
③検索結果で楽天市場の「ポイントを貯める」をクリックする
④楽天市場のページに飛ぶので、通常通り買い物をする

　これだけでポイントサイトが利用できました。ポイントサイトによって表示名などが異なることはありますが、ほぼすべてのサイトで同様の手順で利用できます。

◆ 検索ボックスに目的の案件を入力する（ハピタス）

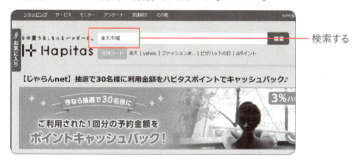

検索する

案件情報の見方

先ほどの③のページで、ハピタスにおける楽天市場の案件情報が記載されています。

◆ 案件情報の見方（ハピタス）

案件名です

くり返し利用できる案件に付いています。クレジットカードなど1回限り利用可能には付きません

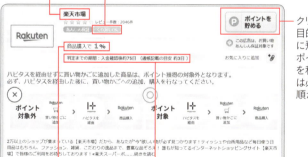

クリックすると目的のサイトに飛びます。ポイントサイトを利用するには必ずこの手順が必要です

案件を利用した場合の還元率です

入金確認後の日数はポイントを獲得できる期間の目安を示します。通帳記載の目安はポイントサイトを経由した履歴として通帳に記載される日数です。通帳に記載されないとポイントサイトで認識していない可能性がありますので、問い合わせなどをする必要が出てきます

判定中(承認待ち)・有効(承認)・無効(否認)とは

　ポイントサイトを利用したからといって、すぐにポイントを獲得できるわけではありません。利用後は判定中(承認待ち)というステータスになり、この時点では何の変化もありません。

　利用した案件などの情報は**通帳**に記載されます。この通帳で各案件のステータスを確認できます。

　判定中の間は、広告主側などで審査が行われています。詳しいことは明らかではありませんが、ポイントサイトを適正に利用して、広告主のサービスを利用したかなどを確認しています。

◆判定中案件の一覧(ハピタス)

　この審査を経て、適正に広告を利用したと判断された場合は有効(承認)、何らかに理由で認められない場合は無効(否認)となり、有効になった案件はポイントサイトからポイントが付与されます。

◆有効になった案件の一覧(ハピタス)

COLUMN

買い物保証制度とは

　正しく手順を踏んでポイントサイトを利用したつもりでも、「通帳に記載されない」「判定期間を過ぎても有効にならない」などは起こりえます。

　いくつかのサイトでは、このような事態が起こったときにポイントを保証する買い物保証制度を導入しています（導入していないサイトでも問い合わせすれば対応してもらえる場合があります）。

・ハピタス（お買い物あんしん保証）
・ポイントインカム（インカムお買い物保証制度）
・げん玉（ポイント保証制度）
・GetMoney!（お買い物保証制度）
・ポイントタウン（お買い物保証制度）

　保証には、サイトを経由したにもかかわらず通帳に記載されない（判定中や承認待ちにならない）ケースを保証するタイプと、判定期間を過ぎても有効にならない（承認されない）ケースを保証するタイプがあります。

　サイトによって条件などが異なりますので、詳しくは各サイトのヘルプページなどを参照してください。

3章　ポイントサイトの利用&ポイント交換を理解しよう

3-5

KEYWORD｜ポイントサイト　ポイント数調査

どのポイントサイトがお得か調べる

同じ案件でもサイトによってポイント数は異なる

　ここまででポイントサイトがどういうものか、そして基本的な使い方を理解できたと思います。

　次に押さえてほしい点として、**同じ日、同じ案件でもポイントサイトによって獲得ポイントが異なる**ということです。

　たとえば、クレジットカード入会の案件でポイントサイトAでは500ポイント、ポイントサイトBでは1万ポイントと20倍も違うなどはよくあることです。

　ポイントサイトを経由したほうが利用しないよりもお得なのは間違いありませんが、ポイントサイトAを利用したあとにポイントサイトBの存在を知ってしまうと損した気分になるはずです。

　特に大量のポイントが獲得できる案件がある場合は、慎重にポイントサイト選びを行うべきです。

同じサイトでもポイントは変動する

　また意外と知られていませんが、**同じポイントサイトでも獲得ポイントは変動**します。

　先ほどの例でポイントサイトAは500ポイントのみでしたが、しばらくすると1万5,000ポイントに跳ね上がっていたり、逆にポイントサイトBは2,000ポイントに落ち着いていたりすることは多々あります。

74

3-1で述べたようにポイントサイトは広告サイトの1つです。「この日までにこれだけ契約者数を増やしたい」という広告依頼主の都合や、ポイントサイトのキャンペーンなどさまざまな要因によって、ポイント数は変動するのです。

◆ サイトや時期などによって獲得ポイント数は変わってくる

ポイントサイトとどう付き合うか

それではどのポイントサイトは使えばよいでしょうか。

基本的には**自分に合ったスタイルでポイントサイトを使い分ける**のがよいでしょう。

たとえば、目的のポイントやマイルに交換しやすい、面倒だからと1つのサイトだけ利用するなど、ポイントサイトとの付き合い方はさまざまです。自分が利用しやすい方法で利用するのが長く付き合うために必要なことです。

とはいっても、「1ポイントでも多く獲得したい！」と思うのが人

の常です。できるだけ高い案件を探してやみくもに利用したくなる気持ちも理解できます。

　ただし、何も考えずいろいろなサイトを利用すると、獲得ポイントが分散するため、せっかく獲得しても最低交換ポイント数に満たない、獲得したことを忘れていつの間にか失効していたなどの事態に陥ります。またユーザー ID などの管理も大変になります。

　1 つのサイトにしぼる必要はありませんが、**主に利用するサイトをいくつか決めておき、その中でできるだけ獲得ポイントの多いサイトを選ぶ**のが効率的なポイントサイトとの付き合い方です。それを可能にするのがポイント比較サイトというサービスです。

ポイント比較サイトとは

　ポイント比較サイトとは、対応しているポイントサイトの情報を収集し、一覧として比較できるようにしたサイトです。このサイトで、多くのポイントサイトを訪問しなくても獲得できるポイントを確認でき、そのときに最も稼げるポイントサイトを簡単に知ることができます。

ポイント獲得ナビ

　ポイント獲得ナビ (https://poikaku.com/) は、2019 年 4 月現在はベータ版ですが、15 のポイントサイトに対応しています。とても見やすく使いやすいポイント比較サイトです。

　ポイント獲得ナビ自体がポイントサイトになっており、案件をクリアしてポイントを獲得するとドットマネーやPexに交換できます。

　また会員登録すると過去 3 ヵ月分のポイント推移が確認できます (登録がない場合は過去 1 ヵ月分)。

ぽい得サーチ

ぽい得サーチ（https://poitoku.jp/）は、2019年4月現在は12のポイントサイトに対応しています。

「ポイント過去案件検索」で目的の案件が過去どれくらいのポイント数になっていたかを確認できます。過去の条件と比較して、今その案件にいくべきかどうかなど検討できるので非常に便利な機能です。また「案件情報まとめ」では、特定ジャンルのお得な情報を一覧で確認できます。

ポイント比較サイトの使い方

ポイント比較サイトの使い方は非常に簡単です。ポイント獲得ナビを例に見てみましょう。

トップページを開き、画面上部にある検索ボックスで調べたい案件の名前を入力し「検索」をクリックします。

するとポイント数が高いポイントサイトが表示されます。このボックスをクリックすると、他のポイントサイトのポイント数も確認できます。

◆ ポイント獲得ナビの検索結果

ポイントを効率的に交換する

いろいろなポイントが貯まってしまう

　ポイントをできるだけ多く獲得しようとポイ活を行っていると、必ず起こるのがいろいろな種類のポイントが貯まってきて、混乱してくるという問題です。

　たとえば、ポイントサイトで経由してネットショップで買い物をして、支払いはクレジットカードで行った場合、以下のポイントが貯まります。

・ポイントサイトのポイント
・ネットショップのポイント
・クレジットカードのポイント

　効率的なポイ活を実現するために楽天市場では楽天カード、Yahoo!ショッピングではヤフーカードを利用すればよいですが、「何枚もクレジットカードを持つのはいやだ！」という方もいるはずで、そううまくはいかないでしょう。

　また、3-5を参照して一番お得なポイントサイトを選ぶようになると、決まったポイントサイトにすることも難しくなります。つまり、**ポイントサイトだけでも何種類ものポイントが貯まる**ことになるのです。

ポイント交換サイトとは

　そこで役立つのが**ポイント交換サイト**です。これはその名の通りポイントの相互交換が可能なサイトで、いろいろなポイントを目的のポイントやマイルにまとめることができます。

◆ **ポイント交換サイトでポイントをまとめる**

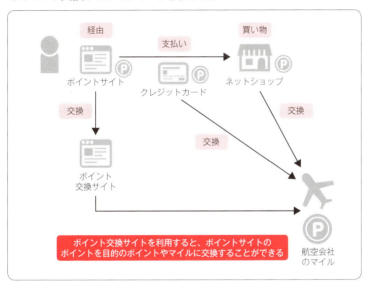

　よく利用されているポイント交換サイトは以下のとおりです。

・ドットマネー（https://d-money.jp/）
・Gポイント（https://www.gpoint.co.jp/）
・Pex（https://pex.jp/）
・ネットマイル（https://www.netmile.co.jp/）
・リアルペイ（https://realpay.jp/）

直接交換不可でもポイント交換サイト経由で可能に

ポイ活を続けていくと、ポイントサイトのモッピーを使うこともあれば、ハピタスを使うこともあるはずです。

たとえばモッピーからTポイントに直接交換できますが、ハピタスからTポイントには直接交換できません。そのような場合にTポイントへの交換にはポイント交換サイトを利用します。

ハピタスポイントはドットマネーギフトコードへの等価交換できますので、ハピタスポイントをドットマネーに交換します。ドットマネーではTポイントへ等価交換できますので、結果的にハピタスポイントを減らさずにTポイントに交換できるのです。

◆ ハピタスの交換ページとドットマネーの交換ページ

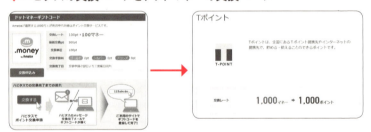

複数回のポイント交換で効率的に交換する

ポイント交換サイトを利用して、複数のサイトを経由することで効率的に交換を行うことができます。

たとえば、ポイントインカムというポイントサイトでは3,500ポイント（350円分）を100ANAマイルに直接交換できます。しかし交換率は28％と、直接交換の中では低い交換率となっています。

そこでまずGポイントに交換し、そのあとLINEポイント、メト

Gポイントと複数のポイントを経由して交換すると、最終的な交換率81％を実現できます。

つまりポイントインカムから直接交換するよりも約3倍のANAマイルに交換することができるのです。このルートはポイントインカムだけに限りません。Gポイントに交換可能なポイントサイトであれば使える非常にお得な技です（新ソラチカルートと呼ばれています）。

お得に交換できるルートはいろいろなサイトに会員登録する必要があるなど手間はかかりますが、一度登録してしまえばあとはそのルートを使うだけでよいので、ポイ活では必須のノウハウです。

ポイ活関連ブログなどで頻繁に紹介されていますので、そのような情報を参考に実行するとよいでしょう。

◆ ポイントインカムからANAマイルマイルへ効率的に交換

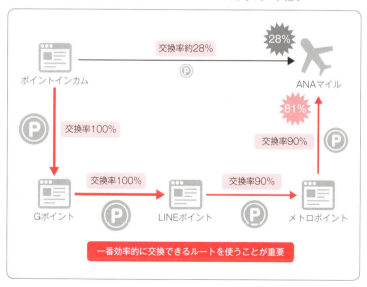

3章　ポイントサイトの利用&ポイント交換を理解しよう

3-7

KEYWORD | ポイントサイト | 注意点

ポイントサイト利用時の注意点

ポイントサイト利用時の注意点

　ポイントサイトを利用するだけで、今までよりもさらにお得にサービスの利用や買い物ができることが理解できたと思います。

　とはいっても、利用するうえで注意すべき点や確認すべき点はたくさんあります。使い慣れれば大したことないことも最初のうちはトラブルの元となりえます。ここでは利用時の注意点をいくつか紹介します。

判定中になっているか注意

　ポイントサイトを経由して買い物したから安心というわけではありません。何らかの原因によってサイトに認識されていない場合もありえます。

　正常にポイントサイトを利用した場合は、「承認待ち」「判定中」という形で通帳に記載されます。**数日経ってもこの記載がない場合は、正しくポイントサイトが利用できていない可能性があります**ので、ポイントサイトが定めた方法に従って問い合わせを行ってください。

　ポイントサイト利用時に、ブラウザで他のページを開くなど行うと認識されない場合がありますので、買い物が終了するまでは他のことは行わないようにしましょう。

ポイントと円のレートに注意

たとえば、同じ案件でポイントサイトAでは8,000ポイント、ポイントサイトBでは1,800ポイント、ポイントサイトCでは1,000ポイントだったとします。

3-5で解説したようにポイントサイトAがキャンペーン中で特に高いこともありえますが、まず疑うべきは1ポイントの価値です。**ポイントサイトのポイントは1ポイント＝1円とは限りません。** 10ポイント＝1円や20ポイント＝1円のサイトも存在します。ポイント数の多さに惑わされないよう、各サイトのポイントの価値をあらかじめ把握しておく必要があります。

◆ ポイントのレートに注意

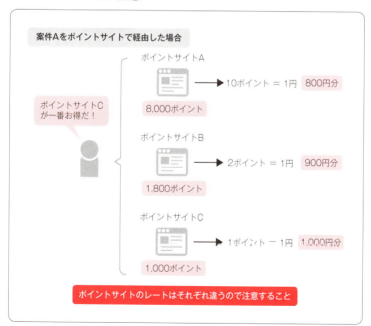

有効期限に注意

　ポイントサイトのポイントは期間限定ポイントが存在せず、すべて通常ポイントです。**その多くに有効期限はありませんが、何もしなくてもずっと有効なわけではありません**。逆にサイトごとにルールが異なりますので、注意が必要です。

◆ 主なポイントサイトのポイント有効期限

ポイントサイト名	ポイント失効要因
ハピタス	ログインが 12 ヶ月間なかった場合は、アカウント失効およびポイント没収
モッピー	ポイント獲得が 6 ヶ月以上ない場合は、会員資格の停止・取消、またはポイントを没収
ポイントタウン	ポイント獲得が 12 ヶ月以上ない場合は失効
ちょびリッチ	ポイント獲得が 12 ヶ月以上ない場合は失効
i2i	ポイント獲得が 1 年以上ない場合は失効
ライフメディア	ポイント獲得から 1 年間 (ポイントに有効期限あり)

交換手数料に注意

　他ポイントに交換もしくは現金などに換金する際に交換手数料が必要な場合があります。

　ポイント交換の原則は、交換時になるべくポイント減らさないことです。できるだけ手数料が必要ない交換ルートを選択するようにしましょう。

交換上限に注意

　ポイントサイトのポイントを大量に貯めた場合、ポイント交換の上限に注意が必要です。

　たとえば、ハピタスでは月 3 万ポイントという移行上限があり

ます（別にPolletのみ月30万ポイントが移行可能）。

ハピタスで30万ポイント貯めて、他ポイントに交換しようとした場合、すべての交換を終えるには10ヵ月間かかります。

交換してすぐに使いたいと思っても実質的には使えないことになりますので、こまめにポイント交換を行っておきましょう。

移行期間に注意

ポイント交換を行う場合、交換に必要な期間を注意しておく必要があります。

ポイントサイトと交換したいポイントによっては、申請してすぐに交換される場合もあれば、2ヵ月程度かかる場合があります。

ポイ探（https://www.poitan.net/）というサイトでは、交換元ポイントと交換先ポイントを入力すると、ポイント交換ルートが検索できます。このサイトを利用して移行期間の他、交換レートなども確認して、効率的にポイント交換を行うようにしましょう。

◆ ポイント交換の上限や移行期間に注意

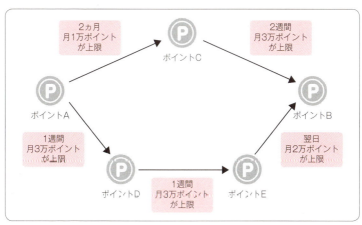

3-8

3章　ポイントサイトの利用&ポイント交換を理解しよう

KEYWORD｜ポイントサイト　モニター

覆面調査モニターでポイントを獲得

覆面調査モニターとは

　一部のポイントサイトでは、**覆面調査モニター**というサービスも提供しています。これはお店に来店して飲食したあと、レポート（アンケート）などを提出すれば、代金の数十％～全額分のポイントを獲得できるというサービスです。

　覆面調査モニターサービスを利用する場合の手順は以下のとおりです。

1　サイトで募集された案件に応募する

2　当選したら指定された条件を確認して来店する

3　レポート、レシートの写真、食事の写真などを提出する

　モニターに当選して来店すればOKというわけではなく承認を受ける必要があり、以下の点に注意が必要です。

・店員に覆面調査員ということをばれないようにする

・レシート、写真など必要な条件をすべて満たす

　場合によってはレポートの再提出を求められることもあります。これに気づかず、提出期限が過ぎていたということにならないようにしてください。

86

4章

スマホ決済でがっちり得する

現金を持ち歩かなくても、スマホ 1 台で買い物ができる時代になりました。スマホ決済の最大のメリットは、何といっても「便利さ」です。現金やレシートなどをパンパンに詰めたサイフを持ち歩かなくても、スマホだけで買い物を済ませることができるからです。ここでは、2019 年のスマホ決済の状況と各スマホ決済サービスについて解説します。

4-1　4章 スマホ決済でがっちり得する

KEYWORD｜スマホ決済｜基本知識

スマホ決済を理解しよう

スマホ決済のメリット

本書におけるスマホ決済とは**QR決済を使用する決済手段**を指します。この決済方法のメリットは、まず現金を持ち歩かなくてよいということです。ATMから現金を引き出す機会を減らせるため、その手間や必要な手数料などを省くことができます。

また、スマホ決済の利用で**ポイントを貯めることもできます**。現在では各社でキャンペーンがひんぱんに開催され、2019年10月の消費税増税時には最大5%のポイント還元が受けられる予定です。

◆ スマホ決済のメリット

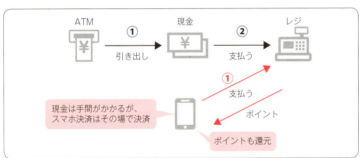

スマホ決済普及に向けての課題

ただし、スマホ決済の普及には、いくつかの課題があります。

まずは**スマホのバッテリー切れ**です。2018年の北海道胆振東部地震では北海道全域が停電し、キャッシュレス決済全体が利用不能になりましたが、充電ができずスマホ自体が使えないという問題も露呈しました。

また**対応店舗数が不十分**だという課題もあります。使えないお店が多いと、結局現金やクレジットカードなど他の手段を利用する必要があります。

さらに深刻な課題はスマホ決済の**セキュリティ**です。スマホを紛失してしまうと、第三者に不正利用される危険性が高まります。運営者側も**1回にチャージできる金額に制限を設けたり、一定回数ログインに失敗するとロックをかけるなどの対策を行っています**が、今後スマホ決済の利用者が増えると、新たなリスクが出てくる可能性があります。

もしスマホを紛失した場合は、スマホ決済アプリの運営会社に問い合わせてアカウント停止措置をしてもらいましょう。スマホが見つかったり新しいスマホを購入したら利用再開させることも可能です。ただし、問い合わせの際は**IDや電話番号などの情報が必要となりますので、失くしたときことも考えてどこかに控えておく**ようにしてください。

◆ スマホ決済サービスの問い合わせ先

サービス	連絡先	備考
PayPay	0120-990-633	受付時間：24時間365日
楽天ペイ	0570-000-348	受付時間：9:30 〜 18:00
LINE Pay	https://contact-cc.line.me/serviceid/10/12	
d払い	0120-800-000	受付時間：9:00 〜 20:00、ドコモショップでも対応

政府は2023年までにキャッシュレス普及率を2018年の20％から40％まで増やすと公言しています。2020年の東京五輪や2025年の大阪万博など国際的なイベントもあり、これから本格的な普及へと進んでいくと思われます。

スマホ決済の基本的な流れ

スマホ決済を利用するまでの流れは、どのサービスでも基本的には同じです。

① スマホアプリをダウンロードする
② 引き落とし先を登録する
③ アプリを起動し、QRコードを提示もしくは店舗側のQRコードを読み取る

②には銀行口座、クレジットカード、ポイント払いなどがあり、サービスによって引き落とし可能な方法が異なります。

また③では、QRコードを提示する場合はそれだけで決済されますが、読み取りの場合は、決済金額をこちらで入力する必要があります。

◆ 店舗側のQRコードを読み取る

どのスマホ決済を使うとよいのか

自分に合ったスマホ決済サービスを見つけるには、以下のような基準で比較していくとよいでしょう。

・よく利用する店舗に対応しているか
・前払いなのか後払いなのか
・どれくらい還元されるのか
・お得なキャンペーンを開催しているか

2019年4月現在、ユーザー数の拡大や取扱い額向上のためのキャンペーンがひんぱんに開催されています。20％前後を還元するキャンペーンなどもありますので、これを利用しない手はありません。

また前払いか後払いかも確認しておく必要があります。前払いは使いすぎを抑えられますが、決済時にチャージ金額が足りなくなって困ることがあります。一方、後払いは使いすぎてしまう可能性があります。自分のスタイルに合ったスマホ決済サービスを選ぶとよいでしょう。

本書で取り扱うスマホ決済サービス

ここ数年でスマホ決済サービスが一気に増えました。今後も7 Pay（セブンペイ）、ファミペイなどのリリースが予定されています。

本書では2019年4月現在、主なスマホ決済アプリとして広く利用されているPayPay、楽天Pay、LINE Pay、d払いの4つについて解説していきます。

4章　スマホ決済でがっちり得する

◆ 主なスマホ決済の種類と特徴（2019年4月現在）

		PayPay	楽天ペイ	LINE Pay	d払い
サービス開始		2018年10月	2016年10月	2014年12月	2018年4月
決済方法		バーコードを表示させてレジで提示、もしくは店舗側のバーコードを読み取る			
支払い方法	銀行口座	○	－	○	－
	クレジットカード	○ （VISA、Master）	○	－	○ （VISA、Master、JCB）
	コンビニチャージ	－	－	○	－
	電話料金合算	－	－	－	○
	ポイント払い	－	○	△ （LINEポイントからLINE Payに交換）	○
ポイントによる還元		－ （残高に直接還元）	○ （楽天ポイント）	○ （LINEポイント、残高に直接還元）	○ （dポイント）
還元率（基本）		3%（2019年5月8日以降）	0.5%	0.5%〜2%	0.5%〜1%
セキュリティ対策		3Dセキュアなしのクレジットカードの限度額を大幅減	不正利用監視体制を実施	銀行口座確認による本人確認	電話料金の引き落としに合算する場合はドコモ回線の契約情報を確認、クレジットカードの場合は3Dセキュア認証で本人確認
利用限度額		・3Dセキュアなしのクレジットカードは30日間で5000円 ・3Dセキュアありのクレジットカードは24時間で2万円かつ30日間で5万円 ・銀行チャージは最大100万円、支払い1回につき50万円	・加盟店により異なる ・クレジットカードの限度額に準ずる	・チャージ残高上限100万円、決済上限1回につき100万円（本人確認している場合） ・クレジットカードの限度額に準ずる	・電話料金の引き落としに合算する場合は契約内容や支払い状況によって異なる ・クレジットカードの限度額に準ずる

	PayPay	楽天ペイ	LINE Pay	d払い
これまでのキャンペーン	・100億円キャンペーン（2018年12月） ・第2弾100億円キャンペーン（2019年2月〜5月） ・はじめ特典（新規登録で500円相当プレゼント）	・ポイント最大40倍還元キャンペーン（2019年3月〜4月） ・初めてのお買い物で300ポイントプレゼント（2019年4月） ・楽天ペイアプリ初めてのご利用で1,000ポイント（5,400円以上利用）	・Payトク（毎月下旬） ・平成最後の超Payトク祭（2019年4月） ・初めての銀行チャージ（1000円以上で、500円相当プレゼント！キャンペーン）	・d払いでdポイント40倍還元！（2019年3月） ・dポイント スーパーチャンス（2019年4月〜5月） ・はじめてボーナス（新規利用で最大1,000円）
主な加盟店	ファミリーマート、ローソン、ミニストップ、ポプラ、セイコーマート、ビックカメラ、ヤマダ電機、エディオン、ウエルシア、松屋、かっぱ寿司、魚民、ビックエコーなど	ファミリーマート、ローソン、ローソン100、ミニストップ、ポプラ、松屋、ピザーラ、ライトオン、マックハウス、ステップ、ジャンカラ、ジュンク堂書店など	ローソン、ファミリーマート、セイコーマート、ビックカメラ、エディオン、コジマ、松屋、スタバ、ウエルシア、サンドラッグ、ココカラファイン、ツルハドラッグなど	ローソン、ローソン100、ファミリーマート、ポプラ、ミニストップ、ウエルシア、サンドラッグ、マツモトキヨシ、エディオン、ケーズデンキ、ジョーシン、ビックカメラ、Amazonなど
備考		ポイント払いは通常ポイントのみ利用可能	・ポイント払いはLINEポイントからLINE Payへの交換で可能 ・マイカラーのランクで還元率は異なる	店舗の場合は0.5％、インターネットの場合は1％

4-2 PayPay —— 特大キャンペーンで新規開拓を狙う注目サービス

4章 スマホ決済でがっちり得する

KEYWORD｜スマホ決済　PayPay

PayPayとは

PayPayは、PayPay株式会社が運営する2018年10月にサービスを開始したスマホ決済サービスです。2018年12月に「100億円あげちゃうキャンペーン」を実施し、10日間で還元終了したことで話題を呼びました。また、テレビCMなど宣伝も盛んで、後発ながら世間にスマホ決済を知らしめた今一番勢いのあるサービスといえるでしょう。

◆ PayPay

ソフトバンクモバイルやYahoo! JAPANとの連携

Yahoo!ショッピング、ヤフオク!において、PayPayのオンライ

ン決済が利用可能になります（2019年6月予定）。またヤフオク！では、売上金をPayPayにチャージし、PayPayとして利用することが可能になります。

ソフトバンクモバイルでは、利用料金に応じた還元ポイントや長期継続特典を、従来のTポイント（期間固定ポイント）からPayPayに変更することになっています。

各種キャンペーンを開催

2019年4月現在、PayPayアプリをインストールし、新規登録すると500円がもらえるキャンペーンを開催しています（ソフトバンクモバイル、ワイモバイルユーザーは支払い登録でさらに500円）。また、「第2弾100億円キャンペーン」（2019年5月31日まで、還元額が100億円に達したら終了）など、世間の注目を浴びるキャンペーンを展開しています。

今後のキャンペーン開催情報については、ワクワクペイペイ（https://paypay.ne.jp/event/wakuwaku/）で確認してください。

還元率

基本還元率は3%で、支払いには利用できますが一部の用途に利用できない**PayPayボーナス**という形で還元されます（付与上限は月3万円）。キャンペーンなどで還元されるのも、このPayPayボーナスです。

主な利用可能店舗・ネットショップ

ファミリーマート、ローソン、ミニストップ、ポプラ、セイコーマート、ビックカメラ、ヤマダ電機、エディオン、ウエルシア、松屋、かっぱ寿司、魚民、白木屋などで利用できます。

楽天ペイ —— 加盟店が多く楽天他サービスとの連携が強み

楽天ペイとは

　楽天ペイは、楽天ペイメントが運営するスマホ決済サービスです。楽天ポイントを貯めたり利用できるため、楽天会員IDを持っている人にとっては使いやすいサービスといえます。

　楽天ポイントも期間限定ポイントが使えるため、少しだけ余ってしまったり使いみちがない期間限定ポイントの消費に最適です。

　また、登録したクレジットカードからの後払いとなりますので、残高不足などを気にする必要がありません。

◆ 楽天ペイ

楽天キャッシュとの連携

　2019年3月より楽天ペイアプリで**楽天キャッシュ**さらに便利に利用できるようになりました。楽天キャッシュは楽天のオンライン電子マネーで、クレジットカードからチャージできる他、他の楽天

ユーザーと個人間で送ることが可能です。また楽天のフリマアプリであるラクマの売上金を楽天キャッシュに交換できます。

球場・スタジアムの完全キャッシュレス化

2019年シーズンから楽天生命パーク宮城と、ノエビアスタジアム神戸が完全キャッシュレス化となりました（東北楽天イーグルス、ヴィッセル神戸の試合開催時）。チケットや飲食などの代金は楽天ペイ、楽天Edyなどの楽天系サービスの他、各種クレジットカードやデビットカードで決済可能です。

◆ 楽天生命パーク宮城 完全キャッシュレスガイド
（https://www.rakuteneagles.jp/special/cashless/）

還元率

基本還元率は0.5％です（楽天カードと紐付けた場合は1.5％）。楽天ポイント（**通常ポイント**）で還元されます。

主な利用可能店舗・ネットショップ

ファミリーマート、ローソン、ローソン100、ミニストップ、ポプラ、松屋、ピリーラ、ライトオン、マックハウス、ステップ、ジャンカラ、ジュンク堂書店などで利用できます。

LINE Pay ── 送金や割り勘、リアルカードなど機能が充実

LINE Payとは

LINE Payは、LINEが運営するスマホ決済サービスです。コミュニケーションアプリLINEを利用していれば、新たにアプリをインストールする必要がありません。

スマホ決済だけでなく**リアルカード**も用意されており、JCB加盟店でクレジットカードと同様の使い方ができます。

2019年内にLINE Pay Visaクレジットカード（仮称）が導入される予定になっており、さらに使い勝手のよいスマホ決済に進化すると思われます。

◆ LINE Pay

LINE Payのアカウントタイプ

LINE Payには2つの**LINE Cash**と**LINE Money**という2つのア

カウントタイプがあります。LINE Cashは本人確認を行っていない
アカウント、LINE Moneyは本人確認を行ったアカウントです。
LINE MoneyにできてLINE Cashではできないことは以下のとおり
です。

・友だち間の送金
・銀行口座、セブン銀行ATMでの出金

　LINE Cashでもコンビニチャージなどを利用してスマホ決済機能
は利用できますが、機能の制限や残高上限の違い（LINE Cashは上
限10万円、LINE Moneyは上限100万円）などがありますので、
使い倒したい人は本人確認を行っておくとよいでしょう。

還元率

　基本還元率は0.5%です。LINEポイントで還元されます。ただし、
前月の利用額によってインセンティブが発生する**マイカラープログ
ラム**を実施しており、バッジカラーによってプラスポイントを獲得
できます。

◆ マイカラープログラムのバッジカラー

バッジカラー	前月の利用額	還元率
ホワイト	0円〜9,999円	0.5%
レッド	1万円〜4万9,999円	0.8%（0.3%のインセンティブ）
ブルー	5万円〜9万9,999円	1%（0.5%のインセンティブ）
グリーン	10万円〜	2%（1.5%のインセンティブ）

　さらに2019年7月31日までの期間限定ですが、コード支払い
を選べば、還元率3%アップのキャンペーンも開催しています。た
とえば、このキャンペーン中はバッジカラーがグリーンの人は5%
（2%＋3%）分のLINEポイントが還元されます。

また月の下旬に 20%「Pay トク」も開催されていれば（こちらは LINE Pay 残高に還元）、10 〜 20%ほどお得に買い物ができます。

主な利用可能店舗・ネットショップ

ローソン、ファミリーマート、セイコーマート、ビックカメラ、エディオン、コジマ、上島珈琲店、松屋、スタバ、古本市場、ウエルシア、サンドラッグ、ココカラファイン、ツルハドラッグ、GEO、セカンドストリート、ジャンカラ、LOFT オンラインストア、ZOZOTOWN、ラクマ、ショップリスト、出前館などで利用できます。

ＣＯＬＵＭＮ

LINE ポイントと LINE コイン

LINE では、LINE Pay 以外に LINE ポイントと LINE コインがあります。

LINE ポイントは LINE が運営しているポイントで、LINE Pay の利用や LINE 内の広告の利用などで獲得可能です。LINE ポイントは ANA To Me CARD PASMO JCB カード（ソラチカカード）を持っていると、メトロポイントを経由して 81%という高い交換率で ANA マイルに交換できます。そのため、ANA マイルを貯めている人は LINE ショッピングや LINE トラベルなどの LINE サービスを多用して、LINE ポイント集めに励んでいます。

LINE コインは、いわゆる LINE 内通貨のようなものです。App 内課金で購入する方法の他、LINE ポイントを持っていれば、2 ポイント ＝ 1 コインのレートで交換されます。

4-5 d払い ── ドコモ契約者はお得が多い

KEYWORD | スマホ決済 | d払い

d払いとは

d払いとはNTTドコモが運営しているスマホ決済サービスです。ドコモのスマホ契約者であれば、**d払い利用分を携帯電話料金と合算して支払うことができます**。合算払いの上限は最大月10万円です（契約期間などで異なります）。

◆d払い

Amazonでの支払いが可能

本書で紹介しているスマホ決済の中でd払いの注目すべき点は、**Amazonでの支払いで利用可能**ということです。Amazonはポイントサイト経由でもそれほど高い還元率を望めないため、d払いのキャンペーン時などは特によく使われています。

d払い自体はdアカウントを作成すれば利用できますが、

Amazonでd払いを利用する場合は、電話料金合算払いもしくはドコモ口座残高払いにする必要があります。つまり、<u>NTTドコモユーザーでなければAmazonでのd払い利用はできない</u>ため、注意してください。

◆d払いのAmazonへのリンク

還元率

　実店舗でd払いを利用した場合は、200円（税込み）あたり1ポイントを獲得できます（還元率0.5％）。ネットショッピングで支払った場合は100円（税込み）あたり1ポイントと実店舗と比較して2倍のポイントを獲得できます。

主な利用可能店舗・ネットショップ

　ローソン、ローソン100、ファミリーマート、ポプラ、スリーエイト、ミニストップ、ウエルシア、ツルハドラッグ、サンドラッグ、マツモトキヨシ、タワーレコード、エディオン、ケーズデンキ、ジョーシン、コジマ、ビックカメラ、Amazon、メルカリ、ラクマ、無印良品ネットストアなどで利用できます。

5章

電子マネーでがっちり得する

2001 年に日本ではじめて Edy という電子マネーが登場しました。以降電子マネーは徐々に全国に普及していき、現在では利用可能店舗もかなり増えました。ここでは電子マネーの基本とお得技を解説していきます。

5章 電子マネーでがっちり得する

5-1

KEYWORD | 電子マネー | 基本知識

電子マネーを理解しよう

メリットは決済スピード

電子マネーを利用する最大のメリットは、**決済スピードがとにかく速い**ことです。レジでかざすと一瞬で支払い完了となり、財布から小銭を探したりする面倒が一切なくなります。さらに電子マネーで支払うことでポイントも貯められます。

◆ 電子マネーは一瞬で決済できる

1,261円の支払いをするとき

現金の場合

財布がパンパンにならないように小銭を減らさないと……
でも2,000円で支払うと小銭が増えるから嫌だなぁ……
（後ろの人が待ってるよー 早くしないとー）

電子マネーの場合

ワンタッチで支払い完了♪

電子マネーとスマホ決済はどう違う?

　電子マネーとスマホ決済アプリの特徴は似ているようで実は大きな違いがあります。

　まず**電子マネーは基本的にプリペイド式（前払い式）**なのでお金の管理をしやすいメリットがあります。電子マネーに1万円だけチャージしておけば使える範囲は1万円のみです。これ以上使いすぎることもなく、残高の範囲内で買い物ができるので、無駄遣いを減らせるメリットがあります。

　また電子マネーはスマホ決済としても使うこともできます。Suica、楽天Edy、nanaco、WAONはAndroidスマホに登録して、スマホをかざして電子マネーの支払いができます。

　ただし、iPhoneに登録できるのはSuicaのみとなり、他の電子マネーはiPhoneに登録できません。

◆ 電子マネーとスマホ決済の比較

	電子マネー	スマホ決済
支払い方式	ほぼ前払い式	前払い、後払い
対応店舗	非常に多い	急増中だがまだ少ない
利用方法	カードタイプが基本、スマホに登録でスマホ決済としても使用可能	スマホ決済でのみ使用可能
発行手数料	必要な場合がある	アプリは無料でダウンロード可能
基本ポイント還元率	0.5%〜1%	0.5%〜2%
キャンペーン	実施頻度は低い	実施頻度は高い

本書で紹介する電子マネーについて

　筆者は電子マネーに対して唯一デメリットを感じていることがあります。それは、スマホ決済と同様に、電子マネーの種類が多すぎることです。さらにチェーン店独自の電子マネー（ゼンショーグループのCooca）などもリリースされており、どの電子マネーを使えばよいか混乱してしまうはずです。

　これを面倒に感じて電子マネーを敬遠してしまう人も少なくありません。複雑なしくみがもっとわかりやすくなれば、電子マネーは現状よりもっと普及していたのではと筆者は感じています。

　楽天Edy、nanaco、WAON、Suica、Kitaca、PASMO、TOICA、manaca、ICOCA、SUGOCA、nimoca、はやかけん、iD、QUIC PAY、PiTaPa、Speedpass、VisapayWave、Tマネー、auWALLET、おさいふPontaなど……。他にもまだまだたくさんあります。

　本書では、数多くの電子マネーの中から以下の4つと、後払い式のiD（アイディー）とQUICPay（クイックペイ）を取り上げて解説します。

・nanaco

・WAON

・楽天Edy

・Suica

　各電子マネーの特徴について表にまとめました。この表でどんな違いがあるのかを把握し、次にそれぞれの電子マネーについて解説していきます。

◆ 主な電子マネーの種類と特徴

		Suica	楽天 Edy	nanaco	WAON
支払い方法		プリペイド方式（前払い）			
発行手数料		0 円	300 円（楽天カード付帯は 0 円）	300 円	200 円（イオンカード付帯は 0 円）
チャージ上限		2 万円	5 万円	5 万円	2 万円（5 万円に変更可能）
1 回あたりのチャージ上限		1 万円	2 万 5,000 円	4 万 9,000 円（現金）、3 万円（クレジットカード）	2 万円（4 万 9,000 円に変更可能）
ポイント		JRE ポイント	楽天ポイント	nanaco ポイント	WAON ポイント
チャージ+利用のポイント二重取り		◯	◯	◯	◯
チャージ	現金	◯	◯	◯	◯
	ポイント	◯	◯	◯	◯
	クレジットカード	◯	◯	◯	◯
オートチャージ		◯（ビューカード、JRE カード）	◯（楽天カード、Android のみどのクレジットカードでも可能）	◯（セブンカード・プラス）	◯（イオンカードセレクト）

5章　電子マネーでがっちり得する

5-2

KEYWORD | 電子マネー　nanaco

nanaco —— セブンマイルプログラム
とともに新たなステージへ

nanacoとは

nanacoは、セブン＆アイグループ独自の電子マネーです。セブンイレブンやイトーヨーカドーなど、セブン＆アイグループの各店舗で利用できます。

ハッピーデーに利用でお得

イトーヨーカドーでは、「毎月8のつく日」をハッピーデーとしてお得なイベントを用意しています。たとえば、イトーヨーカドーでnanacoで支払うと、ほとんどの商品が5％割引で購入できます。またアリオ（専門店街）ではnanacoポイントが通常の2倍獲得できます。

さらに見逃せないのがボーナスポイントです。対象商品を購入しnanacoで支払いすると5～10％の高還元でポイントがもらえます。対象商品は毎月変更になるので、月の初めに公式サイトで対象商品をチェックしましょう。

セブンカード・プラスからのクレジットチャージでお得

セブンカード・プラスからnanacoへクレジットチャージ、オートチャージが可能で、チャージ金額の0.5％がnanacoポイントとして貯まります。

チャージしたnanacoを使っても100円（税抜き）で1nanacoポ

108

イントたまり、ダブルでnanacoポイントを貯めることができます。また、事前にオートチャージ設定をしておけば、残高不足の心配も不要となります。

特典プログラムをリニューアル

　セブン＆アイ・ホールディングスでは、2019年7月に利用者向けの特典プログラムをリニューアルする予定です。それに伴いnanacoのポイント還元率が変更となります。

　2019年9月からはセブンマイルプログラムもリニューアルされ、このプログラムを組み合わせることで実質的な還元率に変更はありません。

◆7 Pay提供開始による特典プログラムの変更

還元率

　2019年6月までは100円（税抜き）につき1nanacoポイントが貯められます。2019年7月以降は200円（税抜き）につき1ポイントに変更になります。ポイントを1ポイント＝1円で電子マネーに交換できる点に変更はありません。

WAON ── イオングループを中心にお得に使える

WAONとは

WAONはイオンが運営している電子マネーです。イオンだけでなく、ファミリーマート、ローソン、ウエルシアなど、全国約46万ヵ所で利用でき、決済時に「ワオン」とユニークな音がします。

買い物がお得になる日を設定

イオングループの各店舗では、毎月5の付く日（5日、15日、25日）はポイントが通常の2倍の1％還元（200円利用につき2ポイント）されます。また毎月20日と30日にWAONで支払うと、お会計から5％OFFの割引が適用されます。

さらにイオングループの店舗にはボーナスポイント対象商品を購入すると通常の電子マネーWAONポイントに加え、さらにボーナスポイント（還元率約10％以上）が貯まります。

◆ 買い物がお得になる日を設定

電子マネーWAONとWAON POINT

　イオンが提供しているポイントカードには、電子マネーWAONとWAON POINTがあります。**電子マネーWAONポイントは電子マネーでお支払いしたときに貯まるポイント、WAON POINTは現金で支払った場合も貯まるイオンの共通ポイントサービス**です。

　WAON POINTはイオングループ店舗を中心に利用できます。また、電子マネーWAONはイオングループ以外の店舗でも利用できます。

◆ 電子マネーWAONポイントとWAON POINT

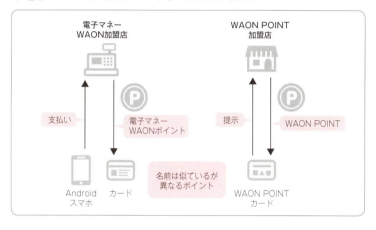

還元率

　基本還元率は0.5％です。オートチャージの設定で通常のWAONポイントに加え、計1％のポイントがたまります。対象カードはイオンカードセレクトとイオン銀行キャッシュ＋デビットカードです。

5-4

5章　電子マネーでがっちり得する

KEYWORD | 電子マネー | 楽天Edy

楽天Edy —— 対応店舗数が最も多く使いやすい

楽天Edyとは

楽天Edyは、楽天ペイメントが運営している電子マネーです。2001年に誕生したEdyを楽天が買収して楽天Edyとして生まれ変わりました。

　最も歴史が深いため、対応店舗数が非常に多く、楽天ポイントとの交換もできるため、利便性の高い電子マネーといえます。

楽天ポイント交換時の注意

　楽天ポイントから楽天Edyにチャージして、街のお店などで利用できますが、以下の楽天ポイントについては、楽天Edyにはチャージできませんので注意してください。

・期間限定の楽天ポイント
・ポイントサイトなどから交換した楽天ポイント

獲得ポイントをANAマイルなどにもできる

　スマホアプリ限定となりますが、楽天Edyを利用したときに獲得できるポイントをANAマイルやTポイントなど、別のポイントにも設定できます。還元率はすべて0.5%（200円で1ポイント）ですがANAマイルに交換するとお得度が増します。

楽天Edyの残高確認

楽天Edyのプラスチック製カードの場合、残高確認はチャージ機か、もしくはファミリーマートのファミポートで行えますが、Edyカードや楽天カード（Edy機能付き）、スマホアプリを楽天Edyのページで登録しておくと、このページでまとめて残高を確認できます。

◆楽天Edyの残高確認

還元率

基本還元率は0.5％で楽天ポイントで貯まります。

5章 電子マネーでがっちり得する

5-5

KEYWORD | 電子マネー | Suica

Suica —— 電車やバスの利用がスムーズに

Suicaとは

Suicaは、JR東日本（東日本旅客鉄道）が発行する交通系電子マネーの代表的な存在です。主に東京を中心とした関東地方で利用されていますが、日本全国の鉄道やバスで利用可能です。電車の切符を購入する必要がなくなるため、スムーズに改札口を通過できます。

さらに電車やバスだけでなく、コンビニや飲食店などSuicaが使える店舗は非常に多いので、利便性は増しています。

Suicaの利用で貯まるポイントは**JREポイント**です。このポイントは2018年6月に開始したポイントで、Suicaの他、駅ビルでの利用などでも貯めることができます。

オートチャージ設定が便利

Suicaは前払い式のため、あらかじめチャージしておく必要があります。JR東日本が発行するビューカードであれば、オートチャージの設定が可能です。

ビューカードからチャージすると、通常の3倍となる1.5%分のJREポイントが貯まりますのでさらにお得です。またJRの定期券を購入した分も同じく1.5%分のJREポイントが貯まります。

ビューカードは何種類かありますが、オススメは**ビックカメラSuicaカード**です。初年度の年会費が無料、以降も1年に1回利用すれば次年度の年会費が無料となります。

114

◆ ビューカードでチャージすればJREポイントがさらに貯まる

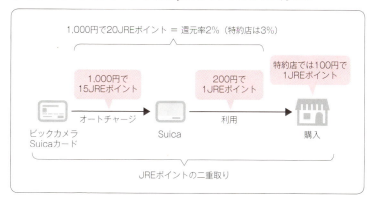

Apple PayやGoogle Payに登録可能

　SuicaはApple PayやGoogle Payに登録すればスマホ決済としても利用可能です。スマホさえ持っていればカードの確認をいちいちしなくてもよいので、便利に使いこなせるはずです。

　ただし、1つ注意点があります。Suicaには記名式（Suica定期券、My Suica）と無記名式の2種類があります。記名式は登録した人のみ利用可能、無記名式は複数人で利用可能という違いがありますが、**無記名式はJREポイントの会員になれず、ポイントも貯められない**というデメリットがあります。

還元率

　電車やバスでは貯まりませんが、コンビニなどの加盟店でSuicaで支払うと200円で1ポイント（還元率0.5％）、一部の特約店では100円で1ポイントのJREポイントが貯まります（還元率1％）。

　JREポイントはSuicaに交換して使用したり、グリーン券などと交換することもできます。

5章　電子マネーでがっちり得する

5-6

KEYWORD | 電子マネー | 後払い式

後払い式の電子マネー
—— iD、QUICPay

後払い式電子マネーとは

　ここまで前払い式の電子マネーを紹介してきました。前払い式の電子マネーはあらかじめチャージしておく必要があるため、無駄使いを防げるメリットがある一方、残高不足で支払いできない事態になるデメリットもあります。

　そのようなデメリットを感じる人は、後払い式の電子マネーの利用を検討してもよいでしょう。後払い式電子マネーは**加盟店が非常に多く決済も瞬時にできるため、利便性は高いのですが、キャンペーンが少ないため、お得度はその分低く**なります。

　後払い式電子マネーにはiD（アイディー）とQUICPay（クイックペイ）というサービスがあり、ともにソニーが開発した**Felicaという非接触型ICカード技術を採用**しています。

iD（アイディー）

　iD（アイディー）はNTTドコモが運営する後払い式電子マネーです。iDを利用するには、iD機能が付いたクレジットカードやデビットカードを入手します。

　またNTTドコモのユーザーであれば、スマホにiDアプリをインストールし、d CARD miniの設定を行うと、電話料金合算払いでiDを利用することもできます。

　利用限度額とポイント還元率は紐付いているクレジットカードに

116

よります。たとえばdカードの場合は還元率は1％となります。

◆ iDアプリ

QUICPay（クイックペイ）

QUICPay（クイックペイ）はJCBが運営する後払い式電子マネーです。QUICPayを利用するには、QUICPay機能が付いたクレジットカードの他、おサイフケータイ対応のスマホを入手します。

QUICPayは1回あたりの支払いの利用上限額が2万円までとなっていますが、それ以上の決済が可能な**QUICPay＋**（クイックペイプラス）という機能拡張版もあります。

QUICPay＋はモバイルのみ対応し、Apple PayやGoogle Payで利用可能です。ただし、QUICPayとQUICPay＋の加盟店は異なりますので注意してください。

利用限度額とポイント還元率は紐付いているクレジットカードに

よります。たとえばオリコカード THE POINTの場合は還元率は1%となります。

COLUMN

ラッキータッチ

楽天Edyをはじめ本書で紹介した電子マネーをスマホアプリ（おさいふケータイ）で利用している人は、あらかじめラッキータッチというアプリをインストールしておき、おサイフケータイを利用した際やキャンペーンなどでくじを引くことができます。当たると利用した電子マネーやポイントがもらえます。

◆ ラッキータッチ

6章

楽天ポイントでがっちり得する

楽天スーパーポイント（以下楽天ポイント）はポイントの中でも歴史があり利用できるところが多いため、非常に人気のあるポイントです。ここでは楽天ポイントの効率的な貯め方や使い方について解説します。

6章 楽天ポイントでがっちり得する

6-1

KEYWORD　楽天ポイント　基本知識

楽天ポイントは貯めやすく用途が豊富

楽天ポイントとは

楽天スーパーポイント（以下楽天ポイント）は、楽天市場（https://www.rakuten.co.jp/）を中心に楽天の各サービスや、多くの実店舗で利用できるポイントです。

楽天市場は、約4万7,000店（2018年12月現在）のお店が出店する日本最大級のショッピングモールです。日用品から高級品まで扱う商品は多様で、日常で必要なものは楽天市場でそろうといっても間違いないでしょう。

◆ 楽天市場（PC）

楽天では、Eコマース、フィンテック、通信など 70 以上のサービスと楽天会員を中心としたメンバーシップを結び付けた**楽天エコシステム（経済圏）**を展開しています。

楽天のあるサービスで貯めた楽天ポイントを楽天の別のサービスで利用できます。つまり楽天エコシステムの中では、楽天ポイントはお金同様の価値を持っています。たとえば、楽天市場での買い物で貯めた楽天ポイントを、楽天モバイルの利用料金の支払いに使うといったことも可能です。

会員の登録

楽天ポイントを利用するためには、**楽天会員ID**を取得して楽天に会員登録する必要があります。2018 年 9 月現在、1 億以上の楽天会員IDが発行されています。

楽天市場や楽天ブックスなどでは、会員登録をしなくても商品を購入できます。しかし、ポイントを貯められないうえ、商品購入のたびに多くの個人情報を入力しなければなりません。

楽天のサービスを利用する場合は、まず楽天会員IDを取得しましょう。取得手順については 1-5 を参照してください。

ポイントカード

楽天ポイントカードは楽天ペイメントが運営するサービスで、一部の加盟店（後述）で無料で配布しています。また楽天Edy機能付きのポイントカードを数百円で販売している加盟店もあります。

たとえば、カフェ＆バーチェーンのPRONTOでは、楽天Edy機能付きの「プレロン党Edy-楽天ポイントカード」を 500 円で販売しています。少し高く思われるでしょうが、このカードのEdyで決済すると、ドリンクが 10% 割引になったり、通常 200 円で 1 ポイントのところ、ボーナスポイントが 1 ポイント、楽天Edy利用による

ポイントが1ポイントと、より多くのポイントを獲得できます。

また楽天カード（6-3参照）には楽天ポイント機能も付いていますので、ポイントカードを別途持たなくても楽天ポイントを貯めることができます。

◆ 楽天ポイントカード

スマホアプリ

ここではポイントカードとして利用可能なスマホアプリを紹介します。

・楽天ポイントクラブアプリ

ポイントカードの他、ポイント運用やEdy交換なども利用可能です。1日1回起動すると、楽天リワード（6-7参照）でポイントを獲得できます。

・楽天ポイントカードアプリ

　楽天ペイメントのサービスで、ポイントカードとしては一番使いやすいシンプルなアプリです。ポイント履歴を確認できたり、対象商品を購入した場合はレビューの記入でポイントがもらえます。

・楽天市場アプリ

　楽天市場での買い物に便利なアプリで、ポイントカードとしても利用可能です。SPU（6-2参照）の倍率も確認でき、このアプリを経由して楽天市場で買い物すると、プラス1倍のポイントが獲得できます。

◆ 楽天市場アプリ

利用可能な実店舗

　元々楽天ポイントは楽天のサービスの中で利用できるポイントでしたが、2014年に「Rポイントカード」の発行が始まったことで、実店舗でも利用可能なポイントとして発展しました。

主な利用可能なチェーン店は以下のとおりです。

・デイリーヤマザキ
・ポプラ
・マクドナルド
・ミスタードーナツ
・ビックカメラ
・ジョーシン
・ツルハグループ
・出光サービスステーション

また、2019年11月にファミリーマートでも利用可能になる予定です。

利用可能なネットサービス

基本的には楽天とその関連会社のサービスで利用可能です。その多くはサービス名に「楽天」が付いているのでわかりやすいでしょう。

◆ 楽天が展開する主なサービス

サービス	説明
楽天市場	約4万7,000店のお店が集まる日本最大級のネットショッピングモール
楽天トラベル	宿泊、ツアー（宿泊＋航空券）、レンタカーなどが予約可能
楽天ブックス	書籍、CD、DVDなどが購入可能
楽天Kobo	電子書籍が購入可能
楽天モバイル	NTTドコモ回線、au回線を利用した仮想移動体通信事業者 (MVNO)
楽天銀行	専用の支店やATMを設置せずに展開するインターネット専業の銀行
楽天証券	インターネット専業の証券会社
ラクマ	インターネットのフリーマーケットサービス

ポイントの種類と有効期限

楽天ポイントには、通常ポイントと期間限定ポイントがあります。

通常ポイントの利用期限は1年間ですが、その期間内に1度でもポイントを獲得すれば有効期限は延長されます。**つまり、まったくポイントを獲得しない期間が1年間続かない限り、有効期限は気にしなくてもよいでしょう。**

期間限定ポイントは、ポイントによって数週間〜数ヵ月の有効期限があります。期間限定ポイントが残っている場合は、通常ポイントより優先して利用されます。ただし通常ポイントと異なり、楽天Edyへの交換やマイルの交換など、利用できないこともあるので注意してください。

ポイント付与率

楽天市場など楽天のサービスでは、基本的には**100円につき1ポイント（通常ポイント）**が付与されます。6-2で解説するSPU（スーパーポイントアッププログラム）を活用すれば、楽天市場で獲得できるポイントが最大15倍に増量します。

また楽天スーパーSALE（6-6参照）などのイベントを活用したり、ポイントがプラスされた特定の商品を購入することで、さらに多くのポイントを獲得することも可能です。

実店舗では、100円で1ポイントもしくは200円で1ポイント（ともに通常ポイント）が付与されます。

6-2 SPUでポイント大量獲得を狙おう

6章 楽天ポイントでがっちり得する

KEYWORD 楽天ポイント SPU

スーパーポイントアッププログラム（SPU）とは

スーパーポイントアッププログラム（以下SPU）は、**楽天のサービスで特定の条件を満たせば、楽天市場で買い物した際にボーナスポイントが加算され、より多くのポイントを獲得できる**というしくみです。2019年4月現在、SPUによって**最大15倍**のポイントが獲得できます。

◆ スーパーポイントアッププログラム（SPU）

SPUで獲得できるポイントの内訳

SPUの内訳は以下の表のとおりです。

◆ SPUの内訳（2019年4月現在）

サービス	ポイント	ポイントプラスの条件	獲得ポイント
楽天市場	1倍	100円（税込み）につき1倍のポイントが獲得できる	通常
楽天カード	＋2倍	楽天市場の支払いを楽天カードで行う（6-3参照）	通常（＋1倍）＋期間限定（＋1倍）
楽天プレミアムカード楽天ゴールドカード	＋2倍	左記の2種類のカードの場合は、上記の楽天カードの条件に加えてさらにプラスされる（6-3参照）	期間限定
楽天銀行	＋1倍	楽天カード利用分の引き落としを楽天銀行の口座に設定する（6-4参照）	期間限定
楽天市場アプリ	＋1倍	スマホアプリの楽天市場アプリを使って買い物をする（6-1参照）	期間限定
楽天証券	＋1倍	楽天証券の口座で月1回500円以上のポイント投資を行う（楽天スーパーポイントコースの設定が必要、6-4参照）	期間限定
楽天モバイル	＋2倍	通話SIMを利用する	期間限定
楽天TV	＋1倍	楽天TVのNBA Specialまたはパ・リーグSpecialに加入する	期間限定
楽天ブランドアベニュー	＋1倍	当月1回以上の買い物をする	期間限定
楽天ブックス	＋0.5倍	当月1回以上1回の注文で税込み1,000円以上（クーポン割引後の税込み金額）の買い物をする	期間限定
楽天Kobo	＋0.5倍	当月1回以上1回の注文で税込み1,000円以上（クーポン割引後の税込み金額）の買い物をする	期間限定
楽天トラベル	＋1倍	サービスを利用する	期間限定
楽天ビューティ	＋1倍	当月1回1,500円以上のサービスを利用する	期間限定

6章 楽天ポイントでがっちり得する

SPUによってどれくらい獲得ポイントが変わる?

SPUを理解するために、以下の2人の例で比較してみましょう。

◆ SPUを活用しないAさんと活用しているBさん

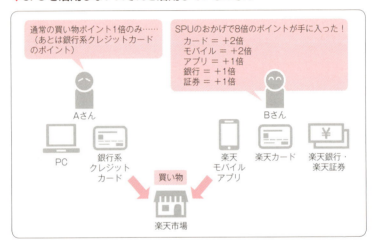

　AさんとBさんは共に毎月同じ金額の買い物を楽天市場でしています。しかしAさんは昔から使っている銀行系のクレジットカード、Bさんは楽天カードで支払っています。

　また、AさんはPCで楽天市場を利用していますが、Bさんは楽天銀行、楽天証券などを利用し、買い物の際には楽天モバイルで楽天市場アプリを利用しています。

　上記の図からAさんとBさんが獲得できるポイントに8倍もの差が付いたことがわかります。

　SPUによってプラスされるポイントは**期間限定ポイント**ですが、同じ金額の買い物をするのであれば、できるだけ多くのポイントを獲得するのがポイ活の基本です。

SPUの注意点

　一気に獲得ポイントを増やせるSPUですが、以下の点を注意する必要があります。

・SPUの条件達成は月ごとにリセットされる

　条件を一度達成したらその後もずっとプラスポイントが適用されるわけではなく、**月ごとにリセット**されます。

　たとえば、2019年5月中に楽天ブックスの「当月1回以上1回の注文で1,000円以上の買い物をする」の条件を満たした場合、5月31日までの買い物には+0.5倍が適用されますが、6月1日以降の買い物には適用されません。

・獲得ポイントは増えるが、ほとんどは期間限定ポイント

　SPUの獲得ポイントのうち、通常ポイントは楽天市場の買い物で付く1倍（1%）と、支払いに楽天カードを利用した場合の+1倍のみです。それ以外のポイントは期間限定ポイントとなります。

　ひんぱんに楽天市場で買い物する人は、この期間限定ポイントを次の機会に利用すればよいですが、たまにしか買い物しないという方は有効期限に気を付ける必要があります。

6章 楽天ポイントでがっちり得する

KEYWORD　楽天ポイント　楽天カード

楽天カードは大量ポイントゲットの必須アイテム

楽天カード利用でSPUを達成する

楽天ポイントの大量獲得には楽天カードが必須です。6-2の表で確認できますが、**楽天市場の支払いに楽天カード**を使用し、その引き落としを楽天銀行にすることで(6-4参照)、SPUの4分の1～3分の1を達成できるのです。

楽天のサービスでは、楽天市場を利用する機会が一番多いと思われますので、楽天カードの入会はまず押さえておくべきです。

楽天カードの主な種類

楽天カードの主な種類は以下の表のとおりです。他にも女性向けの楽天PINKカードなどがありますが、本書では割愛します。

◆主な楽天カードの種類

カード	年会費	SPUによるプラス	説明
楽天カード	無料	通常1倍＋期間限定1倍(計2倍)	年会費が無料のスタンダード
楽天ゴールドカード	2,160円(税込み)	通常1倍＋期間限定3倍(計4倍)	SPU倍率アップ、空港ラウンジが年2回利用可能
楽天プレミアムカード	10,800円(税込み)	通常1倍＋期間限定3倍(計4倍)	SPU倍率アップ、空港ラウンジが利用可能かつ年会費429ドル相当のプライオリティパスが取得可能

楽天市場の支払いを**楽天カードにするだけで＋2倍（2%）、ゴー**
ルドやプレミアムだと＋4倍（4%）のポイントが加算されます。

　楽天カード以外は年会費がかかりますが、自分はどのカードを利
用するのがよいかを決める目安として以下を基準にするとよいで
しょう。

・楽天ゴールドカード…年間 11 万円以上楽天市場を利用する人
・楽天プレミアムカード…年間 55 万円以上楽天市場を利用する人

　1 年間でこれだけの買い物を楽天市場ですれば、年会費以上のポ
イントを獲得することができ、元を取ることができます。

カード入会はポイントサイトを経由する

　楽天カードは、国内のクレジットカード（提携カード分は除く）
では、取扱高 1 位と報じられました（2018 年 1 月 10 日付日本経
済新聞）。また会員数は 1,700 万人を突破し、すでに持っている方
も多いカードだと思われます。

　楽天カードを持っていないという方は、**ポイントサイト（3 章参**
照）を経由して入会するとよいでしょう。楽天カードはポイントサ
イトの報酬が上下しやすく、1 万円分以上になることもあります。
ポイント獲得ナビ（3 章参照）などで確認し、報酬が高い時期を狙
うのがよいでしょう。これに加えて楽天が実施する入会特典として
も楽天ポイントがもらえます。

「5 と 0 のつく日」に楽天市場を利用する

　楽天市場、楽天ブックス、楽天 Kobo では 2019 年 4 月現在、「5
と 0 のつく日」というキャンペーンを実施しています。これは**毎月**
5 日、10 日、15 日、20 日、25 日、30 日に買い物し、その支払い
を楽天カードで行うと＋2倍（2%）されるというものです。

通常は楽天カード分のSPUは＋2倍ですが、さらに＋2倍され、計＋4倍となります。

　楽天市場で欲しい商品がある場合は、「5と0のつく日」まで待って購入するとかなりお得なうえ、楽天スーパーSALEなどのイベントが重なっていればさらにポイントを獲得できます。

　ただしこのキャンペーンはSPUとは異なり、**対象日ごとにエントリーが必要**です。またポイント付与の上限は3,000ポイントで、適用されるのは約15万円分までの買い物になりますので注意してください。

楽天カードの利用額は楽天e-NAVIでチェック

　楽天e-NAVIは、楽天カード会員専用のオンラインサービスです。楽天カードの利用明細や利用可能額の確認、登録情報や支払い方法の変更など、楽天カードに関するさまざまなサービスをPCやスマホから利用できます。

◆ 楽天e-NAVI（PC）

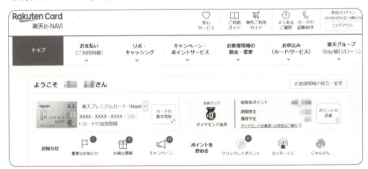

6-4

KEYWORD | 楽天ポイント | 銀行・証券

楽天銀行・楽天証券の利用で
ポイントを獲得

楽天カードの引き落とし口座で+1倍

これは**楽天カードの引き落とし口座を楽天銀行に設定すること
で、楽天市場の買い物を楽天カードで支払った分のポイントが+1
倍**になる特典です。設定は簡単にでき、さらに引き落としのたびに
楽天ポイントが貯まります。

また楽天のサービスの多くは申し込み時に期間限定ポイントがも
らえます。もし楽天銀行の口座を持っていない場合は、このような
キャンペーンを活用するとよいでしょう。

ハッピープログラム

ハッピープログラムとは、楽天銀行利用者の優遇プログラムです。
主な特典は以下のとおりです。

・**ATM手数料が毎月最大7回無料**
・**振込み手数料が毎月最大3回無料**
・**取引で楽天ポイントが最大3倍貯まる**

この中でポイ活に直接関係あるのは、最後の「楽天ポイントが最
大3倍貯まる」です。楽天銀行で指定した取引を行うと、楽天ポイ
ントを獲得できますが、取引をたくさん行うとハッピープログラム
の会員ステージが上がり、より多くのポイントがもらえるのです。
なお、獲得ポイントは**通常ポイント**です。

133

ハッピープログラムの会員ステージには、「ベーシック」「アドバンスト」「プレミアム」「VIP」「スーパーVIP」の5種類があります。

会員ステージは毎月25日の終了時点で決まります。たとえば10月25日に銀行残高が350万円だった場合、次の11月はスーパーVIP会員の特典を受けられます。

◆ ハッピープログラムのステージ

会員ステージ	条件 (残高 or 前月取引件数)	ポイント倍率
ベーシック	エントリーのみ	1倍
アドバンスト	10万円以上 or 5件以上	1倍
プレミアム	50万円以上 or 10件以上	2倍
VIP	100万円以上 or 20件以上	3倍
スーパーVIP	300万円以上 or 30件以上	3倍

ポイント獲得対象となる取引は、「他行口座からの振込み」「他行口座への振込み」など多数あります。詳細はハッピープログラム対象のサービス (https://www.rakuten-bank.co.jp/happyprogram/point.html) を参照してください。

ハッピープログラムとは楽天銀行を使えば使うほど楽天ポイントが貯まるしくみだということがわかりました。楽天カードの引き落とし口座に楽天銀行を指定し、楽天市場の支払いを楽天カードにすると、SPUでポイントが貯まりますが、それだけでなく楽天銀行を使えば使うほど、楽天ポイント（それも通常ポイント）が貯まりますので、これをうまく利用しない手はありません。

楽天ポイントで投資信託が購入可能

　投資信託は投資家からお金を集め、株式や債券などに投資・運用し、その運用成果によって投資家に配当を分配する金融商品です。

　楽天証券では、**投資信託を楽天ポイントで購入することが可能**です（ただし、期間限定ポイントや他ポイントから交換したポイントは利用できません）。

　「投資にはまとまったお金が必要だから、自分の楽天ポイントではとても足りない……」と思われた方がいるかもしれませんが、楽天証券は**100円以上1円単位で投資信託の購入が可能**になっています。また、すべてを楽天ポイントで支払う必要はなく、現金とミックスして支払うことも可能です。

投資信託購入でSPUを適用する3つの条件

　さらに楽天証券で投資信託を購入するとSPUが適用され、**楽天市場などの買い物での獲得ポイントが+1倍（期間限定ポイント）**されます。SPUの適用条件は以下のとおりです。

・**楽天スーパーポイントコースに設定する**
・**500円分以上のポイント投資を行う**
・**1ポイント以上の楽天ポイントを利用する**

　楽天証券では楽天スーパーポイントコースと楽天証券ポイントコースがありますが、SPUを狙う場合は楽天スーパーポイントコースに設定してください。

　そして500円以上の投資信託を購入し、支払いに1ポイント以上の楽天ポイントを利用すれば、その月いっぱいは+1倍が適用されます。

楽天カードで投資信託が購入可能

　投資信託の積立注文（毎月決まった額の投資信託を購入）の決済に楽天カードを利用できます。毎月5万円という上限はありますが、決済額100円につき1ポイント（**通常ポイント**）を獲得できますのでオススメの方法です。

　このとき全額を楽天カードで決済するのではなく、1ポイント以上の楽天ポイントを一緒に使うように設定すれば、前述のSPU＋1倍も毎月自動的に適用され、効率的にポイントを獲得できます。

ⒸⓄⓁⓊⓂⓃ

ポイント運用 by 楽天PointClub

　楽天ポイントが使える投資としてはポイント運用 by 楽天PointClubというサービスもあります。

　このサービスは、先ほど解説した投資信託購入のように楽天証券の口座を開く必要がなく、現金や楽天カードも必要ありません。あくまで楽天ポイントで擬似的な投資体験ができるというものです。

　また通常ポイントのみ利用可能で、1回あたりのポイント上限が3万ポイントという制限があります（3万ポイント以上追加したい場合は、複数回に分けて行う）。

6-5

KEYWORD 楽天ポイント 基本知識

キャンペーンを最大限に活用しよう

楽天市場の大型キャンペーン

楽天市場では、毎日のように何らかのキャンペーンが開催されています。

その中でも規模が大きくお得度が高いキャンペーンが、**楽天スーパーSALE** と**お買い物マラソン**です。

これらのキャンペーンは、**楽天市場の店舗で買い物すればするほど、最大10倍のキャンペーンポイントを獲得できる**という点が共通しています。

1店舗目の買いまわりでは通常ポイント1倍のみでキャンペーンポイントは付きません。2店舗目の買いまわりからキャンペーンポイントが＋1倍され、1店舗ごとに＋1倍されていきます。そして10店舗買いまわると、＋9倍つまり10倍のポイントを獲得できます。

SPUなど他のポイントアップと組み合わせると、**最大43倍**のポイントが獲得できます。買いまわり対象となるのは、**1店舗あたり1,000円以上（税込み）**という点も共通しています。

楽天スーパーSALEのほうが大規模

　2018年の実績では、楽天スーパーSALEは年4回(3月、6月、9月、12月)、お買い物マラソンは年8回開催されました。楽天スーパーSALEのほうがより大規模なキャンペーンとして位置付けられており、多少の違いがあります。

　たとえば、楽天スーパーSALEでは通常の半額などの目玉商品が限定で売り出されたり、各店舗独自のポイントアップキャンペーンがあるなど、よりお得度の高いイベントが開催される傾向にあります。

その他のキャンペーン

　紹介した2つのキャンペーン以外にもお得なキャンペーンは数多くあります。これらの**キャンペーンの多くはエントリーが必要**ですので、忘れないようにしてください。

・毎月5と0の付く日は楽天カードご利用でポイント5倍(楽天カード限定で＋2倍)
・全ショップ対象エントリーでポイント3倍！(不定期開催)
・楽天イーグルス・ヴィッセル神戸・FCバルセロナが勝った翌日はエントリーで全ショップポイント2倍・W勝利で3倍・トリプル勝利で4倍(楽天に関係するチームの勝利翌日にポイントアップ)

6-6

KEYWORD 楽天ポイント ポイントサイト

Rebatesは最強の楽天ポイント獲得サービス

Rebatesとは

Rebates（リーベイツ）は、楽天が運営するショッピングを中心としたポイントサイトです。

3章のポイントサイトとの大きな違いは、Rebatesは楽天が運営し、ダイレクトに楽天ポイントを獲得できるという点です。

なぜ最強の楽天ポイント獲得サービスなのか

Rebatesがなぜ最強の楽天ポイント獲得サービスといえるのでしょうか。それは**獲得ポイントがすべて通常ポイントである**からです。

楽天ポイント自体は、SPU（6-2参照）やキャンペーン（6-5参照）で大量のポイントを獲得できますが、そのほとんどは期間限定ポイントです。通常ポイントのほうが有効期限が長く用途も豊富なので、できれば通常ポイントで貯めておきたいものです。

また、6-5で説明したキャンペーンなどと異なり、獲得ポイントの上限は設定されていません。PCや航空券などの高額案件も扱っているため、それらの商品を購入する際に利用するとたいへんお得です。

たとえば、2019年3月にJAL国際航空券の購入で10%還元を開催していました。運賃種別、搭乗期間などの条件付きですが、20万円の航空券購入で、通常ポイントが2万ポイントを獲得できることになります。このようなポイントアップキャンペーン時を狙うとさらにお得です。

Rebatesの使い方

Rebatesを利用するには、Rebatesのページ(https://www.rebates.jp/)にアクセスし、目的のショッピングサイトを選択して「ストアに進む」をクリックします。これを行わないとポイントを獲得できないので注意してください。

◆Rebatesのページから目的のサイトに飛ぶ

また、ブラウザに楽天ウェブ検索をインストールしておくと、Rebates提携ストアにアクセスした際に、ブラウザ画面の右上にRebatesのバナーが表示されます。

このバナーの「今すぐ○%ポイントバックGET！」をクリックすると、「○%ポイントバック適用中！」に変わります。Rebatesを経由したことがわかりますので、安心して買い物することができます。

◆ポイントバック適用中のバナー

6-7

KEYWORD | 楽天ポイント | アプリ・サービス

アプリ・サービスを使って タダでポイントを貯めよう

楽天では、無料でポイントを獲得できるアプリやサービスが充実しており、こまめにチェックすれば毎月数百ポイントを獲得することも可能です。

楽天リワード

楽天リワードとは、楽天が提供・提携している 100 以上のアプリを利用して**設定されたミッションをクリアすることで期間限定ポイントが獲得できるサービス**の総称です。以下は楽天リワード対応の主なアプリと設定されたミッションです。

・楽天ポイントクラブ→アプリ起動で 1 ポイント（1 日 1 回）
・楽天ウェブ検索→アプリ起動で 1 ポイント（1 日 1 回）
・信長の野望 201X→ログインで 1 ポイント（1 日 1 回）

スーパーポイントスクリーン

スーパーポイントスクリーンは、アプリに表示された広告やキャンペーンをタップして閲覧するとポイントが貯まるサービスです。またアンケートやモニター募集などもあり、コツコツとポイントを貯めるのに適したアプリです。なお、獲得できるのは**通常ポイント**です。

◆ スーパーポイントスクリーン

楽天ウェブ検索

　楽天ウェブ検索はPC、スマホアプリとも利用可能です。PCで利用する場合はブラウザのアドオンのインストールが必要です。スマホアプリ版は楽天リワードの対象となっており、1日1回の起動で1ポイント（**期間限定ポイント**）を獲得できます。なお、検索回数に応じて参加できる「ポイント山分けキャンペーン」で獲得できるのは**通常ポイント**です。

　また2019年4月現在、1日5回以上の検索を5日間実行してエントリすると、楽天市場の買い物が＋1倍になるキャンペーンを実施しています。

楽天チェック

楽天チェックは楽天ペイメントが運営しているアプリです。アプリをインストールしたスマホを持って加盟店内に入ると、来店ポイントもしくはポイントが当たるくじが引けます。獲得できるのは**通常ポイント**です。

スマホの位置情報を使って加盟店を確認できるため、最寄りのお店に立ち寄るだけで楽天ポイントを獲得できます。

◆ 楽天チェック

楽天インサイト

楽天インサイトは、楽天インサイトが運営しているアンケートサイトです。数年前までは楽天リサーチという名前でした。

会員登録すると、登録情報に基づいたアンケートに回答することができ、**期間限定ポイント**を獲得できます。

またモニターの事前調査などもあり、1回で数千ポイントもらえるモニターに参加することもできます。

メールマガジン

楽天ではさまざまなメールマガジン（以下メルマガ）が配信され、クリックするだけでポイントがもらえるメルマガもあります。獲得できるのは**期間限定ポイント**です。

・メールdeポイント
・楽天スーパーポイントギャラリーニュース
・楽天カードショッピングニュース

楽天のサービスを使っているとメルマガが大量に届くため、そのチェックや管理が大変になりがちです。ただ、上記のようにポイントがもらえるメルマガもありますので、上手に活用するとよいでしょう。

不要なメルマガは配信を停止できます。メルマガの一番下にある配信停止ページへのリンクをクリックするか、PCや楽天市場アプリなどから「my Rakuten」を開いて「楽天のメルマガ」もしくは「楽天のショップのメルマガ」を開くと手続きが行えます。

6-8

KEYWORD | 楽天ポイント | 期間限定

期間限定ポイントを上手に使って得しよう

期間限定をどう使うか

　楽天ポイントで獲得できるポイントの多くは期間限定ポイントです。投資信託の購入（6-4参照）や楽天カードの支払いなど、期間限定ポイントを利用できないものも多く、決まった期間内に使い切らなければいけないというデメリットもあります。

　楽天市場の買い物や、ポイント払いや楽天ペイで利用するのがオーソドックスな使い方ですが、それでも使い切れない場面も出てきたり、忘れていて知らぬ間に失効してしまったということも考えられます。

　楽天市場では、**ポイント利用分もポイント付与対象**となりますので、期間限定ポイントも使い忘れなく効率よく消費すべきです。

楽天ふるさと納税で消費がオススメ

　期間限定ポイントの消費で一番オススメなのは、**楽天ふるさと納税**です。

　楽天ふるさと納税で買い物するには、特設ページ（https://event.rakuten.co.jp/furusato/）に行くか、楽天市場の検索ボックスで「楽天ふるさと納税」と入力して検索します。

◆楽天ふるさと納税

　ふるさと納税とは、ある自治体に寄付したら、その寄付金の30％相当までの物がお礼品として送付される制度です。寄付可能な金額は、収入や家族構成などによって設定されています。その範囲内であれば、寄付金の総額から2,000円を引いた分は、その年もしくは翌年に収める税金から控除されます。控除可能額は、楽天ふるさと納税ページのシミュレーターで確認できます。

　元々お得なふるさと納税制度ですが、楽天ふるさと納税で行うと、以下の点でさらに大きく得することができます。

・期間限定ポイントを寄付金として利用できる
・楽天スーパーSALEやお買い物マラソンなどのイベントと組み合わせるとさらにポイントを獲得できる

　このように楽天ふるさと納税に大きなメリットがあるのは、ふるさと納税のお礼品が通常の商品と同じ扱いで購入でき、期間限定ポイントも利用できるためです。以下に挙げる例で考えてみましょう。

- 3万楽天ポイント（期間限定ポイント）を持っている
- 楽天スーパーSALE開催時に3つの自治体で1万円ずつ寄付する
- 支払いはすべて期間限定ポイントで行う
- スマホは楽天モバイルを使用し、楽天市場アプリで購入する

楽天スーパーSALEは買い物したお店が多いほど獲得ポイントが増えていきます（6-5参照）。楽天カード利用分のSPUは獲得できませんが、他のSPUはいくつか満たしています。

◆ 楽天ふるさと納税で3万円分をすべて期間限定ポイントで支払った場合

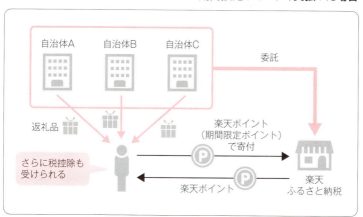

この例では、1円も支払っていないにもかかわらず、SPUで1,200ポイント（通常300ポイント、期間限定900ポイント）、楽天スーパーSALEで期間限定900ポイント（買いまわり3店舗分）の計2,100ポイントが獲得できました。さらに9,000円相当のお礼品と2万8,000円の税控除が受けられるのです。

また、他のお店で買い物すれば、楽天スーパーSALEの倍率が最大10倍まで上がるので、さらに期間限定ポイントを獲得できます。

ちなみに、5つ以上の自治体に寄付すると、手続きが簡易なワンストップ特例制度が利用できず、確定申告を行う必要がありますので注意してください。

楽天スーパーDEALで期間限定ポイントを通常ポイントに

楽天スーパーDEALとは、楽天会員であれば利用できる高還元ポイントサービスです。利用するには、https://event.rakuten.co.jp/superdeal/ に行くか、楽天市場のトップページにあるバナーをクリックします。

楽天スーパーDEALで対象商品を購入すると、最大50％の**通常ポイント**が還元されます。ここでも楽天ふるさと納税と同様に、期間限定ポイントが利用できます。つまり、**商品が購入できるうえ、期間限定ポイントを通常ポイントにすることができる**のです。

たとえば、還元率50％の1万円の対象商品をすべて期間限定ポイントで購入した場合、通常ポイント5,000ポイントと、SPU分のポイントも獲得できます。

期限切れ間近なポイントを持て余している場合は、**楽天スーパーDEALを活用すれば通常ポイントとして残せる**のです。

7章

dポイントでがっちり得する

dポイントは比較的新しいポイントながら、ポイントを貯めやすく着実にユーザー数を増やしています。ここではdポイントの効率的な貯め方や使い方について解説します。

7-1

7章 dポイントでがっちり得する

KEYWORD | dポイント | 基本知識

dポイントはNTTドコモユーザー を中心にお得が大きい

dポイントとは

dポイントとは、NTTドコモが運営しているポイントサービスです。以前は会員組織はドコモプレミアクラブ、ポイントはドコモポイントという名称で、実質NTTドコモのユーザーのみを対象としたサービスでした。

2015年にドコモプレミアクラブはdポイントクラブ（https://dpoint.jp/）、ドコモポイントはdポイントにリニューアルし、ローソンやマクドナルドでの利用を開始し、共通ポイント化が始まりました。

NTTドコモのユーザーでなくてもdポイントの獲得・利用は可能ですが、NTTドコモが提供するサービスでメリットが大きいため、NTTドコモの携帯電話を利用している方に向いているポイントといえます。

会員の登録

dポイントを利用するには、まずdポイントクラブのページでdアカウントを発行し、dポイントカードを入手してdアカウントとの紐付けを行います。dポイントカードは以下の方法で入手できます。

・dポイントカード（ドコモショップなどで配布）

・dポイントクラブアプリ（アプリで発行）
・dカード（クレジットカードに記載）

　利用するまでの基本的な手順は以下のとおりです。

①dアカウントを発行する
②発行したdアカウントでdポイントクラブにログインして「登録」
　をクリックし、dポイントカードをdアカウントと紐付ける

　dアカウントの発行にはメールアドレス、もしくはYahoo!
JAPANやGoogleなどのSNSアカウントが必要です。またdアカウント設定アプリでもdアカウント発行が可能です。
　1つのdアカウントにdポイントカードとdカード プリペイドを合わせて3枚まで紐付けできます。その他にdカードのdポイントカード番号も紐付けできます。
　ここで間違いやすい点が1つあります。それは**dポイントクラブ会員番号（12桁）とdポイントカード番号（15桁）は違うもの**だということです。
　1つのdアカウントにつき1つのdポイントクラブ会員番号が付与されますが、dポイントカード番号は1つのdアカウントに複数紐付けることが可能なため、1アカウントで複数のdポイントカード番号を持っている可能性があるのです。
　これを勘違いしているとやっかいなのが、他ポイントとの交換です。**他ポイントと交換を行う際はdポイントクラブ会員番号が必要**ですので、以下の方法で確認を行ってください。

・dポイントクラブにログインした状態でhttps://dpoint.jp/ctrw/
　web/member/member.htmlにアクセスする
・ブラウザでdポイントクラブのページにアクセス・ログインし、

7

dポイントでがっちり得する

151

ページ下部にある「会員証を表示（会員番号/ステージ）」をタップする

◆dポイントクラブ会員番号の確認

ここに会員番号が表示される。
ポイント交換ではこの番号が必要となる

ポイントカード

dポイントカードは、ドコモショップやローソン、マクドナルド、マツモトキヨシなどの加盟店で入手可能です。

スマホアプリ

dポイントのスマホアプリとしては、dポイントクラブアプリがあります。ポイントカード機能の他、アンケートやゲームなどの「たまるコンテンツ」や「つかえるサービス」の他、割引クーポンなども利用可能です。

◆dポイントクラブアプリ

利用可能な実店舗

　主な利用可能なチェーン店は以下のとおりです。Pontaポイントと共通して使えるお店も多数あります。

・ローソン
・マクドナルド
・マツモトキヨシ
・高島屋
・ノジマ
・ドーミーイン

　また2019年11月からファミリーマートでも利用可能になる予定です。

利用可能なネットサービス

NTTドコモが運営するdマーケット（dショッピング、dトラベル、d fashionなど）で利用可能です。

またスマホ決済である**d払い（4章参照）で「dポイントを利用する」を設定**すれば、Amazonやメルカリ、ノジマオンラインなどでもdポイントを使って支払うことが可能です。

ポイントの種類と有効期限

dポイントには、通常ポイントと期間固定ポイントがあります。

通常ポイントの有効期限は4年間です。他のポイントと異なり、新たにポイントを獲得してもこの期限は延長されないので注意してください。

期間固定ポイントは、**利用できる期間と用途が限定されているポイント**です。加盟店（タバコなど一部商品は除く）やdマーケット、ドコモオンラインショップでの端末購入などで利用できますが、携帯料金支払いや他ポイントとの交換には利用できません。

ポイント付与率

基本還元率は税抜きを基準とし、**1%**（ローソン、マクドナルドなど）もしくは**0.5%**（ローソンストア100など）となっています。

7-2

KEYWORD | dポイント | クレジットカード

dカードはdポイント獲得の必須アイテム

dカードがなぜお得なのか

　dポイントをできるだけ貯めたい場合は、NTTドコモが発行する**dカード**を持っておいたほうがよいでしょう。その主な理由は以下のとおりです。

・年会費を実質無料で持てる
・還元率1%でdポイント（通常ポイント）を貯められる
・特約店では決済ポイントの他、利用ポイントももらえる

◆dカード

年会費が実質無料

　dカードは初年度年会費が無料です。さらに**2年目以降も前年（2年目であれば1年目）に1回でも利用すれば年会費無料**で持ち続けることができます。2019年現在、還元率1%はお得なクレジット

カードといえますので、これが年会費無料で持てるのは検討に値するでしょう。

またdアカウントと紐付ければ、dカード利用分もdポイントクラブのステージ（後述）の判定対象となるため、よりよいサービスを受けることができます。

dカード特約店の利用で貯める

dカード特約店（https://d-card.jp/st/services/points/use.html）でdカード（もしくは付随のiD）で決済すると、さらにdポイントが貯まります。

一番身近でかつ、お得な特約店はローソンです。dカードで決済した場合、以下のように約5％分もお得に使えます。

◆ ローソンでdカード決済

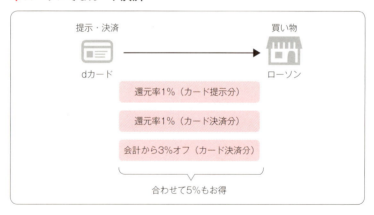

特に3％オフはdカードならではのものですので、ローソンをよく利用する方にとってはたいへんお得な特典となります。またローソン以外の特約店は多数あります。以下にその一部を紹介しますが、詳しくは上記URLで確認してください。

- dショッピング、d fashion、dトラベル（+1%）
- ドコモオンラインショップ（+1%）
- マツモトキヨシ（+2%）
- JAL、JALパック（+1%）
- 伊勢丹（+1%）

NTTドコモユーザーはdカードGOLDでさらにお得に

　NTTドコモのユーザーは、dカードの上位版となる**dカードGOLD**の方を持っておくとさらにお得にかつ、大量にdポイントを貯めることができます。

　年会費1万円＋消費税とコストはかかってしまいますが、上記に挙げたdカードの特典の他、以下のようなメリットがプラスされます。

- NTTドコモ携帯、ドコモ光の利用料金が最大10%分ポイント還元される
- ケータイ補償が最大10万円分補償される（端末購入から3年間）
- 年間利用額に応じてクーポンがもらえる

◆dカードGOLD

◆dカードGOLDのメリットは大きい

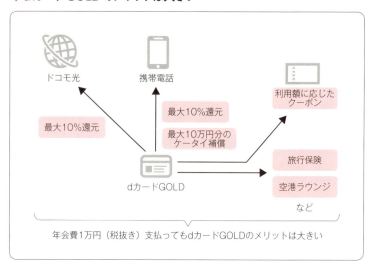

　その他にも空港ラウンジの利用や旅行保険などのｄカードにはない特典があります。

　2019年にはｄカードGOLDの会員数が500万人を突破しました。ここまで多くの人が入会しているのは、年会費を支払ってもそれ以上のメリットがあるからといえるでしょう。

NTTドコモ携帯・ドコモ光の利用料金の最大10%をポイント還元

　ｄカードGOLDの最大のメリットであるこの特典は、**NTTドコモの携帯およびドコモ光（フレッツ光回線またはケーブルテレビ回線を使ったインターネット接続サービス）の利用金額1,000円（税抜き）につき100ポイント（通常ポイント）が付与される**というものです。

　ｄカードGOLDに携帯電話とドコモ光を紐付けしておけば、それらの料金を別のクレジットカードで支払ったとしても最大10％還

元の特典は適用されます。

◆dカードGOLDの最大10%還元は支払いは別のカードでも適用

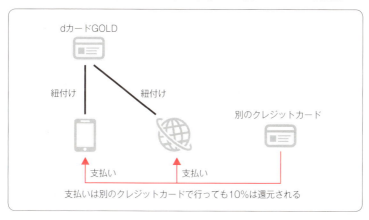

ケータイ補償で最大10万円分を補償

dカードには**dカードケータイ補償**という携帯端末の補償制度があります。dカードGOLDの場合は、端末購入から **3年以内**（dカードは1年以内）に、**偶然の事故により紛失・盗難または修理不能**（水濡れ・全損など）となり、**dカードGOLDを利用して同一機種・同一カラーの新端末をドコモショップなど購入すると最大10万円補償する**（dカードの場合は1万円）という特典です。

NTTドコモにはケータイ補償サービスがありますが、こちらは月330円〜750円程度支払う必要があります。

dカードケータイ補償はケータイ補償サービスではカバーしている破損や故障に対する補償がないこと、また保険適用の条件が異なるなどの違いはありますが、dカードGOLDを持つだけである程度の補償はカバーできます。

年間利用額に応じたクーポンの進呈

dカードGOLDの年間利用額（カード年会費、電子マネーチャージなどは除く）が100万円（税込み）以上で1万円分、200万円（税込み）以上で2万円分のクーポン（ケータイ割引クーポン、dショッピングクーポン、dトラベルクーポンの中から1つ）がもらえます。

毎年12月16日から翌年12月15日までが年間利用額の対象期間となります。この間に条件を満たせばメールで案内が来ますので、専用サイトにアクセスし、欲しい特典を選択します。

ⒸⓄⓁⓊⓂⓃ

dポイントクラブのステージ

dポイントクラブには、NTTドコモの携帯の契約年数、もしくは過去半年のdポイント獲得数に応じてステージが設定されています。

◆ dポイントクラブのステージ

ステージ	ステージの決定基準	
	契約継続利用期間	dポイント獲得数（半年の累計）
プラチナ	15年〜	1万ポイント〜
4th	10年〜	3,000ポイント〜
3rd	8年〜	1,800ポイント〜
2nd	4年〜	600ポイント〜
1st	4年未満	600ポイント未満

このステージランクによって、携帯料金やドコモ光の利用料金の割引などを受けることができます。

7-3 dマーケットの高還元キャンペーンを利用しよう

KEYWORD | dポイント | ショッピング

dマーケットでdポイントを大量獲得

　dマーケットとは、NTTドコモが運営するポータルサイトです。提供されている主なサービスは以下のとおりです。

◆dマーケットの主なサービス

サービス	説明
dショッピング	総合通販サイト
d fashion	ファッション通販サイト
dトラベル	総合旅行サイト
dデリバリー	出前・フード宅配ポータルサイト
dマガジン	雑誌読み放題サイト

　dマーケットでは、dポイントを大量に獲得できるキャンペーンがひんぱんに実施されています。さらに**期間限定ポイントを利用できる**ため、獲得したポイントでお得に買い物ができるようになっています。

　「NTTドコモユーザーだけしか使えないのでは？」と思うかもしれませんが、ユーザーでなくても非常に多くのdポイントを獲得できます。

dショッピングデーでポイント20倍

　dショッピングは、dマーケットの総合通販サイトです。**毎月10日、20日、30日**に送料込み、税込みで4,320円を超えた場合にポイント20倍を獲得できるdショッピングデーを実施しています。獲得ポイントの上限は1万ポイントです。

　さらに、dショッピングデーでは、**ポイントで支払った分の20%のポイントが還元（期間限定ポイント）されます**。

スーパーチャンスでポイント20倍

　不定期で開催されるスーパーチャンスでも20倍前後の還元が実施されています。

　スーパーチャンスはdマーケットの他、dポイント加盟店も対象になりますが、一番お得なのはやはりdショッピングです。dショッピングデーとタイミングが合わせれば約40倍のポイントを獲得できます。

　また、NTTドコモのポイントサイトともいえる**キャッシュゲットモール**（ポイントではなく現金で還元）やNTTドコモのサービスの利用特典などを組み合わせることによって、過去には70%以上の還元というとてつもない還元を行ったこともありました。

　この高還元キャンペーンが注目され、最近ではdショッピングを利用する人が急増しています。

事前エントリーに要注意

　スーパーチャンスもdショッピングデーなど**dポイントのキャンペーンは基本的にエントリー必須**となっています。ポイント還元を期待してたくさん買い物してもエントリーし忘れると、獲得できるはずのポイントももらえませんので、注意してください。

8章

Pontaポイントでがっちり得する

PontaポイントはTポイントと同様に、世間に認知度が高く会員数も多いポイントです。ここではPontaポイントを効率的に貯めるノウハウを解説します。

8章 Pontaポイントでがっちり得する

KEYWORD | Ponta | 基本知識

Pontaポイントは幅広い使いみちのユーティリティポイント

Pontaポイントとは

Pontaポイントは、ロイヤリティ マーケティングが運営しているポイントです。運営会社の株主としてローソン、日本航空（JAL）、リクルートなどの会社があり、これらの会社が提供するサービスとの親和性が高いことで知られているポイントです。

ローソンでの利用・獲得、お試し引換券の発行など、dポイントと共通点が多く、dポイントとの相互交換も可能です。ただし、JAL便の利用で貯められるなどPontaの独自サービスも存在します。

PontaポイントとリクルートポイントF

2016年にPontaポイントとリクルートが運営しているリクルートポイントが統合しましたが、現在も両ポイントは存在しています。

◆ Pontaポイントとリクルートポイント

ポイント	Ponta加盟店での獲得	Ponta加盟店での利用	リクルート系サービスでの獲得	リクルート系サービスでの利用	ポイント交換
Pontaポイント	○	○	○	○	×（リクルートポイントに交換不可）
リクルートポイント	×	×	×	○	○（Pontaポイントに交換可）

Pontaポイントは加盟店の他、リクルート系サービスで獲得・利用できます。リクルートポイントはリクルートカード（8-2参照）の利用分か、ポイントサイトからの交換（3章参照）で獲得できます。

またリクルートポイントからPontaポイントは等価でかつ、すぐに交換できます。つまりリクルートポイントは実質Pontaポイントと同じといえます。

リクルートポイントをPontaポイントに交換することで、利用できるお店が一気に増えますので、獲得したらその都度Pontaポイントに交換するとよいでしょう。

Ponta会員IDとリクルートID

Pontaポイントを利用するには、**Ponta会員IDとリクルートIDの両方が必要**です。PontaカードをもらえばPonta会員IDを取得でき、ポイントを獲得できますが、使うにはリクルートIDの会員登録および紐付けを行う必要があります。

また、ポイントの確認などを行うPontaWeb（https://point.recruit.co.jp/pontaweb/about/ponta/card/）を利用する際もリクルートIDが必要となりますので注意してください。

・Ponta会員ID…Pontaカードで取得できるID
・リクルートID…PontaWebを利用するために必須のID

会員の登録

Pontaポイントを利用できるようにするには、以下の手順で登録を行います。

①Pontaカードを加盟店でもらうもしくはPontaWebで申し込む
②リクルートIDを取得する

③ PontaWebで「PontaWeb会員登録（Ponta会員IDを登録）を行う

ポイントカード

　オリジナルのPontaカードは、PontaWebで申し込みすると、数週間後に郵送されてきます。

◆ オリジナルPontaカード

　一部の提携会社が発行するクレジットカードにもPontaカード機能が付いているものがあります。

スマホアプリ

　Pontaポイントのスマホアプリとしては、**Pontaカード（公式）**があります。デジタルPontaカードやポイント履歴が確認できる他、ポイントがもらえるミニゲームやクーポンの発行などが可能です。

利用可能な実店舗

　現在では約22万店の実店舗でPontaポイントを貯めたり、利用が可能です。主な利用可能なチェーン店は以下のとおりです。

・ローソン
・ライフ

・高島屋
・大戸屋
・AOKI
・昭和シェル石油

利用可能なネットサービス

じゃらんnet（以下じゃらん）やHot Pepperなどのリクルート系サービスを利用した場合、獲得できるのはPontaポイントです。

ポイントの種類と有効期限

Pontaポイントは**通常ポイント**のみです。期間限定ポイントはありません（なおリクルート系サービスには期間限定ポイントやサイト限定ポイントがあります）。

ポイントの利用期限は1年間ですが、その期間内に1度でもポイントを貯めるか、利用すれば有効期限は延長されます。**つまり、まったくポイントを獲得・利用しない期間が1年間続かない限り、有効期限は気にしなくてもよいでしょう。**

ポイント付与率

基本還元率は **1%**（100円につき1ポイント）となっています。

8-2 Pontaポイントにはリクルートカードがオススメ

KEYWORD｜Ponta　クレジットカード

リクルートカードとは

　楽天ポイントであれば楽天カード(6章)、dポイントであればdカード(7章)、Tポイントであればヤフーカード(9章)というように、各ポイントには貯めやすいクレジットカードが存在します。

　では、Pontaポイントの場合はどのクレジットカードになるのでしょうか。一番のオススメは**リクルートカード**です。リクルートカードはリクルートが発行するクレジットカードで、国際ブランドはVISAとMasterCard(三菱UFJニコスが発行)、JCB(JCBが発行)の3種類です。

◆ リクルートカード

リクルートカードをオススメする理由

　リクルートカードをオススメする主なポイントは以下のとおりです。

・**年会費が永年無料**
・**ポイント還元率が 1.2%**
・**Ponta ポイントに 1 ポイント単位で交換可能**

　まず年会費がずっと無料ですので、気軽に申し込むことができます。しかもクレジットカードの中でも高還元となる **1.2%の還元率** を誇っています。年会費がかかるクレジットカードでもここまでの還元率はほとんどありませんので、持っておくべきカードの 1 枚といえるでしょう。

　カードの利用で獲得できるポイントは**リクルートポイント**です。リクルートポイントは、Ponta ポイントと 1 ポイント単位で即時交換できます。

毎月の合算分に対してポイント付与

　リクルートカードの利用で地味にうれしいのが、**毎月の合算利用分に対してポイントが付く**という点です。というのも、クレジットカードの多くは利用するたびに切り捨てで計算されてポイントが付与されますが、リクルートカードの場合は毎月の合算分に対して付与されるため、少しでも多くのポイントを獲得できます。

　たとえば、5 回に分けて合計 3,000 円分の買い物を、還元率はともに 1.2%、一方は利用ごとにポイントが付与されるクレジットカード A、もう一方はリクルートカードで行ったとします。

8

Pontaポイントでがっちり得する

169

◆ 合算分でのポイント付与は地味にうれしい

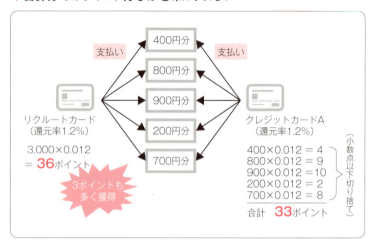

　同じ金額の買い物であるにもかかわらず、クレジットカードAは33ポイント、リクルートカードは36ポイントと3ポイント多くポイントを獲得できました。たった3ポイントと思われるかもしれませんが、このような少額の買い物を何年も続けていくと、無視できないほどの大きな差になってくるのです。

リクルートのサービスでさらにお得

　じゃらん、Hot Pepper、ポンパレモールなどのリクルート系サービスを利用し、リクルートカードで決済するとさらにお得です。
　たとえば、じゃらんで1泊1万円のホテル（税込み、ポイント2％プラン）を予約し、その利用代金をリクルートカードで決済したとすると、**Pontaポイント、リクルートポイント、じゃらん限定ポイント**の3つのポイントを獲得できます。
　じゃらんのポイント2％プランの場合、**Pontaポイント** 1％（100ポイント）と、ポイント加算月を含めた12ヶ月目の月末が有効期

限の**じゃらん限定ポイント** 1%（100ポイント）を獲得できます。

リクルートカードで決済すると、リクルートポイントは120ポイント獲得できます。これで合計320ポイントを獲得できます。

またじゃらんでリクルートカードのオンライン決済を行うと、毎月200万ポイント（**じゃらん限定ポイント**）の山分けキャンペーンもあります（2019年4月現在）。これは200万ポイントを、その1ヵ月間でオンライン決済を行ったリクルートIDで割ったポイントがもらえるというキャンペーンです。

さらにポイントサイトを利用すれば、ポイントサイトのポイントも獲得できますので、じゃらんではこのパターンでホテルを予約するとよいでしょう。

リクルートポイントをPontaポイントに交換

リクルートポイントはPontaWebで簡単にPontaポイントに交換できますので、ポイントの違いはそれほど気にしなくてもよいでしょう。**年会費無料の最強カードであるリクルートカードを使い倒すことがPontaポイントをたくさん貯める第一歩**です。

◆ **リクルートポイント交換前と交換後**

交換前　　　　　　　　　　交換後

8章 Pontaポイントでがっちり得する

◆ じゃらんでホテルを予約し、リクルートカードで決済した場合

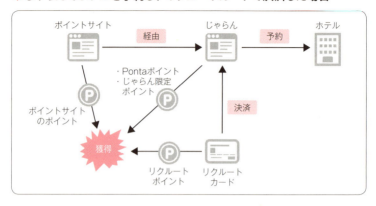

C O L U M N

ローソンPontaプラスカード

　2018年10月ローソン銀行がサービスを開始しました。ローソン店内のATMでの取引によってPontaポイントが貯まったり、ローソンのクーポンが発行されたりなどの特典があります。

　そして2019年4月、ローソン銀行はローソンPontaプラスカードの発行を開始しました。このクレジットカードは以下の特徴があり、ローソンをよく使う人にとっては、dカード（7章参照）と並んでお得の多いカードです。

・**年会費無料（ETCカードも無料）**
・**ローソンでのお買い上げで100円（税抜き）につき最大4ポイント（ローソン以外は200円につき1ポイント）**

　ローソンでカード決済を行うと、100円（税抜き）につき2ポイントもらえますが（還元率2%）、カード利用額によって設定されたステージによってさらに最大2%の還元がプラスされます。

9章

Ｔポイントでがっちり得する

Ｔポイントはポイントの中でも歴史が古く利用できるところが多いため、非常に人気のポイントです。ここではＴポイントの効率的な貯め方や使い方について解説します。

9章 Tポイントでがっちり得する

KEYWORD | Tポイント | 基本知識

Tポイントは実績のある定番ポイント

Tポイントとは

Tポイントは、Tポイント・ジャパン（カルチュア・コンビニエンス・クラブの関連会社）が運営するポイントです。2003年提供開始と共通ポイントとしては一番歴史が古く、2019年3月現在は会員数約6,900万人の日本最大級のポイントサービスです。

いろいろな実店舗で使用できる他、Tポイント・ジャパンの主要株主であるヤフー（Yahoo! JAPAN）など、ソフトバンクグループのサービスでも使用できます。

会員の登録

Tポイントを利用するには、**Tカード番号を取得し、Yahoo! JAPAN IDと連携する**必要があります。Tカード番号は以下のカードやアプリで取得できます。

・Tカード（後述）
・Tポイントアプリ（後述）
・ヤフーカード（9-2参照）

Tカードを入手した場合は、Yahoo! JAPAN IDをあとから入手して連携できますが、Tポイントアプリの場合は、あらかじめYahoo! JAPAN IDを用意しないとTカード番号が取得できませんので、注意してください。

Yahoo! JAPAN IDを新規に作成するには、スマホもしくはPCのブラウザでYahoo! JAPANのトップページを開き、「ID新規取得」をクリックします。PCの場合は、メールアドレス、スマホの場合はメールアドレスと携帯電話番号で登録可能です。

◆ Yahoo! JAPAN IDの登録画面（携帯電話番号とメールアドレス）

ポイントカード

　Tカードには、店頭で利用登録が必要なタイプと、店頭でカードを受け取ったあとWebなどで登録が必要なタイプの2つのタイプがあります。

　店頭で利用登録が可能なTカードを配布している主なお店は以下のとおりです。

・TSUTAYA
・ウエルシア

- 眼鏡市場
- オートバックス

　店頭ではカードを受け取るだけであとで登録が必要なTカードを配布している主なお店は以下のとおりです。登録は基本的にWebで行いますが、ファミリーマートでは店内にあるFamiポート端末でも登録が可能です。

- ファミリーマート
- コンタクトのアイシティ
- ENEOS
- エディオン

◆ ファミマTカード（クレジット機能なし）

スマホアプリ

　Tポイントのスマホアプリとしては、**Tポイントアプリ**があります。ポイント履歴が確認できる他、クーポンの登録、ポイントがもらえるミニゲームなども利用できます。

　また、ポイントカードである「**モバT（モバイルTカード）**」も利用できるため、スマホを持っていくだけでポイントの獲得・利用が可能です（モバTは4-2で解説したPayPayでも利用可能）。ただし、一部店舗ではカードタイプのみ対応の場合がありますので、カードとスマホの両方を用意したほうが無難でしょう。

◆Tポイントアプリ

利用可能な実店舗

　先ほどポイントカードの配布で挙げたチェーン店の他、マルエツなどのスーパー、ガストや吉野家などの飲食店、毎日新聞の購読など幅広い業種でTポイントの獲得・利用が可能です。

利用可能なネットサービス

　Tポイントを貯めやすいネットサービスといえば、Yahoo! JAPANです。Yahoo! JAPANは楽天と同じく多様なサービスを提供しているため、ショッピングで貯めたポイントをヤフオク!で使うなど、Tポイントの使い勝手がよいサイトといえます。詳細は9-2を参照してください。

ポイントの種類と有効期限

Tポイントには、**通常ポイント**と**期間固定ポイント**があります。

通常ポイントの利用期限は1年間ですが、その期間内に1度でもポイントを利用すれば有効期限は延長されます。**つまり、まったくポイントを獲得・利用しない期間が1年間続かない限り、有効期限は気にしなくてもよいでしょう。**

期間固定ポイントは、**利用できる期間と用途が限定されているポイント**です。たとえば、Yahoo!ショッピングで獲得した期間固定ポイントは、Yahoo! JAPANの各サービスおよびLOHACO、GYAO!ストアでのみ利用でき、実店舗では利用できません。

ポイント付与率

100円もしくは108円につき1ポイント（還元率1%）と、200円もしくは216円につき1ポイント（還元率0.5%）のお店があります。この他Yahoo!ショッピング（9-2参照）などのYahoo! JAPAN系サービスでは期間固定ポイントが大量に獲得できます。

またドラッグストアのウエルシアでは、特定の曜日にポイントがプラスされたり、毎月20日にポイントが1.5倍の価値になって買い物できるキャンペーンなどもあります（9-3参照）。

9-2

KEYWORD | Tポイント | Yahoo! Japan

Yahoo! JAPANのサービスで有効活用

ヤフーカードに入会する

　Yahoo! JAPAN（ここではYahoo! JAPAN系サービス全般を指します）でポイントの大量獲得を狙うには、年会費永年無料の**ヤフーカード**を持っておくとよいでしょう。

　たとえばYahoo!ショッピングやLOHACOで買い物してヤフーカードで支払った場合、100円につきストアポイントとして1ポイント（**通常ポイント**）とヤフーカードの利用ポイントとして1ポイント（**通常ポイント**）の他、ヤフーカードの特典として1ポイント（**期間限定ポイント**）が加算されます。

◆ Yahoo!ショッピングでヤフーカードで支払うとTポイントが常に3倍

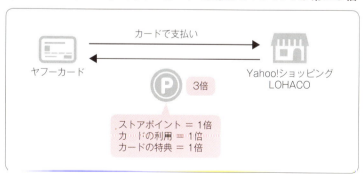

　後述するYahoo!プレミアムの加入や「5のつく日」を組み合わせ

ると、合計10倍以上のポイントも期待できます。またポイントサイト（3章参照）を経由してYahoo!ショッピングで買い物すると、さらにポイントサイトのポイントも獲得できます。

Yahoo!プレミアム加入で＋4倍

Tポイントを利用するにはYahoo! JAPAN IDとの連携が必要でした。このIDを持っていると、**Yahoo!プレミアム**に入会でき、Yahoo!ショッピングやLOHACOで買い物した際、ポイントが**＋4倍**されます（**期間固定ポイント**）。

Yahoo!プレミアムは月額498円の利用料金がかかりますが、ポイントがプラスされる以外にもヤフオク!で出品が可能になったり、落札手数料も安くなったり、漫画・雑誌が無料で読めたりと、いろいろなサービスが利用できます。

Yahoo!ショッピングで月1万数千円以上使う人であれば、それだけで元が取れますので、入っておいて損はないでしょう。

ソフトバンクモバイル・Y!mobileユーザーはさらにプラス

ソフトバンクモバイルを契約している場合は、**Yahoo!プレミアムが無料で利用できる**うえ、ソフトバンクモバイルユーザーの限定ポイントとしてさらに＋5倍が加算されます。つまり、**Yahoo!プレミアムの＋4倍と限定ポイントの＋5倍で最低でも10倍のポイントを獲得できる**のです。なおプラスポイントはすべて**期間固定ポイント**です。

この恩恵に預かるには、Yahoo! JAPAN IDとソフトバンクモバイルの携帯電話番号を連携させる**スマートログイン設定**を行う必要があります。

♦ ソフトバンクモバイルユーザーは最大 16 倍のポイントを獲得可能

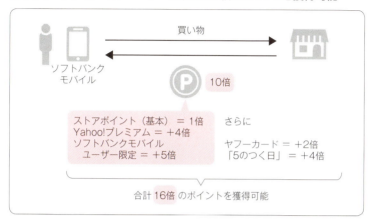

また Y!mobile（ワイモバイル）を契約している場合も Yahoo! プレミアムが無料で利用できます。さらに月額 500 円の **Enjoy パックに加入**すると、以下のような特典があり、ソフトバンクモバイルと同様のポイントを獲得できます。なお、プラスポイントはすべて**期間固定ポイント**です。

・Enjoy パックの特典として＋5 倍
・Yahoo! ショッピングで使えるクーポンが毎月 500 円分もらえる
・500 円分のパケット料金が毎月付いてくる

「5 のつく日」で購入すると＋4 倍

2019 年 4 月現在、Yahoo! ショッピングでは「5 のつく日」というキャンペーンを実施しています。これは**毎月 5 日、15 日、25 日に買い物すると＋2 倍される**というものです。「Yahoo! ショッピングは 5 の付く日だけ利用すれば OK」というくらい「5 のつく日」はお得なイベントです。前述したプラス要素はエントリー不要でした

が、このイベントは**対象日ごとにエントリーが必要**ですので注意してください。

ただし、エントリーしただけでは＋2倍しか加算されません。**さらに＋2倍をゲットするには、スマホ版Yahoo!ショッピングアプリを利用して買い物を行う**必要がありますので、PCからでなく、イベントがない日もスマホアプリを使ってYahoo!ショッピングで買い物するクセをつけておくとよいでしょう。

◆ Yahoo!ショッピングアプリ

期間固定ポイント利用のオススメ ── ふるさと納税

これまでTポイントの大量獲得ノウハウについて解説しましたが、プラスされたTポイントのほとんどは期間固定ポイントでした。ここからは期間固定ポイントをいかに有効に利用する解説していきます。

期間固定ポイントの消費で一番オススメは**Yahoo!ふるさと納税**

（https://furusatonouzei.yahoo.co.jp/）です。ふるさと納税については6章の6-8を参照してください。

◆ Yahoo!ふるさと納税

Yahoo!ふるさと納税で寄付を行う場合は、**Yahoo!公金支払い**（https://koukin.yahoo.co.jp/）というサービスを利用します。このサービスは一部の自治体に収める税金やふるさと納税、公共料金などを、Yahoo! JAPANのWebサイト上から支払うことができるサービスです。本来はクレジットカードで支払いますが、その際に期間固定ポイントで充当できるようになっているため、現金同様の扱いとなり、非常に有効な使い方といえるでしょう。

また、ふるさとチョイス（https://www.furusato-tax.jp/）や、ふるなび（https://furunavi.jp/）でもこのYahoo!公金支払いを利用したふるさと納税が可能です。

期間固定ポイント利用のオススメ ── 各種税金、NHK受信料

Yahoo!公金支払いでは、ふるさと納税の他に**各種税金やNHK受信料、水道やガスなどの公共料金を支払うことも可能**です。

税金や公共料金は支払い可能な自治体が限られるものの、毎月必ず出ていくお金（固定費）を期間固定ポイントで支払えるため、実質的に生活費を抑えることができます。

◆ Yahoo!公金支払い

期間固定ポイント利用のオススメ ── Yahoo! toto

期間固定ポイントはYahoo! toto（https://toto.yahoo.co.jp/）でも利用できます。Yahoo! totoは、サッカーの試合結果を予想するtotoや、予想がランダムに選択されるBIGが購入できるサイトで、期間固定ポイントを1口100ポイントから利用できます。

「宝くじなんて当たるわけない」と思われるかもしれませんが、

期限間近で使いみちのない期間固定ポイントや、端数が余ってしまった場合は、試してみる価値はあるでしょう。

期間固定ポイント利用のオススメ —— ヤフオク!

期間固定ポイントはヤフオク!でも利用できます。普通にオークションに入札するのもよいですが、ここでちょっとした現金化を試みることもできます。

それは**ヤフオク!で出品されている金券を落札する**というものです。ヤフオク!ではあらゆる商品券やクオカードが出品されています。換金率の高い商品券は額面以上で出品されていたりしますが、それを落札して金券ショップで売ると換金率80%〜90%で現金化ができます。

◆ヤフオク!

9章 Tポイントでがっちり得する

9-3

KEYWORD | Tポイント | 実店舗

実店舗でもお得に使える ── ファミリーマート、ウエルシア

ファミリーマートをよく使う人はファミマTカードが必須

　家や会社の近くにファミリーマートがあるのでよく利用するという方は、**ファミマTカード**（クレジットカード）に入会して使うと、Tポイントをたくさん獲得できます。

◆ ファミマTカードのWebページ

　このカードは年会費無料ですが、200円（税抜き）ごとに1ポイント（**通常ポイント**）とそれほど還元率は高くありません。しかしファミリーマートで利用すると、以下のように大きなメリットがあります。

- 毎週火曜・土曜は＋3倍
- 「ファミランク」のランクによって最大＋3倍
- クレジットカードで支払うと＋2倍
- 水曜日は女性限定で＋1倍
- 25歳以下は＋1倍

　ファミリーマートでは毎週火曜日と土曜日は「カードの日」として、ファミマTカードを提示するだけでスペシャルポイントとしてポイントがプラスされます（後述するファミランクによって異なります）。さらにファミマTカード（クレジットカード）で支払うと、200円ごとに1ポイント付与される通常のクレジットポイントの他、＋1倍加算されます（すべて**通常ポイント**）。

◆ カードの日のプラスポイント

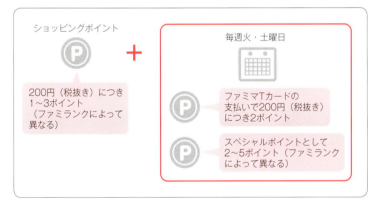

　また前月のファミマTカード利用額に応じて**ファミランク**が設定されています。

◆ ファミランク一覧

サービス	前月のファミマTカード利用額	特典
ブロンズランク	0 〜 4,999 円	なし（200 円につき 1 ポイント）
シルバーランク	5,000 円〜 14,999 円	＋ 1 倍（200 円につき 2 ポイント）
ゴールドランク	15,000 円〜	＋ 2 倍（200 円につき 3 ポイント）

　また特定の商品を購入するとTポイントがプラスされる**Tポイントプラス**も店舗ごとに設定されています。たとえば商品の値札に「＋10pt」と記載されていたら、それを購入すると無条件にTポイントが 10 ポイント獲得できます。

ウエルシアの「ウェル活」でお得に買い物する

　「ウェル活」（ウエル活と呼ぶ場合もある）とは**ドラッグストアのウエルシアでお得に買い物する活動**のことです。このような言葉ができるほど、Tポイント愛好者の中ではウエルシアはよく使われています。その主な理由は以下のとおりです。

・**毎週月曜日はポイント 2 倍**
・**毎月 20 日はポイントが 1.5 倍お得に使える**
・**スマホ決済・電子マネーに広く対応**

　ウエルシアでは 100 円（税抜き）につき 1 ポイント（**通常ポイント**）獲得できますが、毎週月曜日は倍の 100 円（税抜き）につき 2 ポイントに増えます。買いたいものがあれば月曜日にまとめて購入するとお得です。

　お得な使い方としては、毎月 20 日の「お客様感謝デー」で**Tポイントを 200 ポイント以上利用すると、1 ポイントの価値が 1.5 倍**になります。

たとえばTポイントが1万ポイント貯まっていれば、ウエルシアで1万5,000円分の買い物ができることになります。毎月20日に貯めたTポイントを使って1ヵ月分の日用品をまとめ買いすると、非常にお得に買い物ができます。

　また主要なスマホ決済・電子マネーに対応していますので、それらのキャンペーンと合わせればさらにお得です。

　この他にもレジ袋をなしにすると毎回2ポイント、特定の商品に数十〜数百ポイントのTポイントボーナスが設定されていたりと、Tポイントを貯めてお得に使いたい人にとってはうってつけの実店舗といえます。

◆ ウエルシアで毎月月曜日に獲得・毎月20日利用が一番お得

INDEX

数字

2 ティア	63
3 ティア	63

C〜D

club パナソニック	69
colleee	69
d カード	155
d カード GOLD	157
d カードケータイ補償	159
d ショッピングデー	162
d 払い	101
d ポイント	15,150
d ポイントクラブアプリ	23,152
d ポイント投資	36
d マーケット	161

E〜N

EC ナビ	69
GetMoney	69
G ポイント	68
i2i ポイント	69
iD	116
Kyash	56
LINE Pay	98
nanaco	108

P〜S

PayPay	94
Pex	79
Ponta ポイント	16,164
Ponta ポイント運用	36
Potora	69
QR コード	26
QUICPay	117
Rebates	139
SPU	126
Suica	114

T〜Y

T ポイント	17,174
T ポイント投資	36

WAON	110
Yahoo! toto	184
Yahoo! ふるさと納税	182

あ行

アカウントの取得	30
アカウント名	29
案件情報	71
移行期間	85
一体型クレジットカード	21
ウエルシア	188
エントリー	46
お買い物マラソン	137
お財布.com	69

か行

買い物保証制度	73
還元報酬	62
期間限定ポイント	41
基本還元率	38
キャンペーン	44
共通ポイント	11
クレジットカード	48
ケータイ補償	159
げん玉	67
交換上限	84
交換手数料	84
広告サイト	60

さ行

三重取り	51
紹介報酬	62
承認	72
承認待ち	72
スーパーチャンス	162
スーパーポイントアッププログラム	126
スーパーポイントスクリーン	141
すぐたま	69
スマホアプリ	21
スマホ決済	88
成功報酬型	61

た行

ダウン報酬	62
多重取り	51
ちょびリッチ	69
通常ポイント	41
電子マネー	104
投資信託	135
ドットマネー by Ameba	68

な行

二重取り	51
ネットマイル	79

は行

パスワード	29
ハピタス	67
判定中	72
否認	72
ファミマTカード	186
ファミランク	187
ファミリーマート	186
ファンくる	69
覆面調査モニター	86
付与時期	43
ポイ活	11
ぽい得サーチ	77
ポイント	11
ポイントインカム	69
ポイント運用 by 楽天PointClub	36,136
ポイントカード	21
ポイント交換サイト	79
ポイントサイト	60
ポイント投資サービス	36
ポイント倍率	39
ポイント比較サイト	76
ポイント比較ナビ	76

ま行

無効	72
メールアドレス	29
メールマガジン	144

モッピー	66
モニターへの参加	62

や行

ヤフーカード	179
ヤフオク!	185
有効	72
有効期限	42,84

ら行

ライフメディア	69
楽天Edy	112
楽天インサイト	143
楽天ウェブ検索	142
楽天カード	130
楽天銀行	133
楽天証券	135
楽天スーパーDEAL	148
楽天スーパーSALE	137
楽天スーパーポイント	13,120
楽天チェック	143
楽天ふるさと納税	145
楽天ペイ	96
楽天ポイント	14,120
楽天ポイントアップカレンダー	45
楽天ポイントクラブアプリ	23,34,122
楽天リワード	141
ラッキータッチ	118
リアルペイ	79
リクルートカード	168
リクルートポイント	164
レート	83

わ行

ワラウ	69
ワンタイムパスワード	32

■お問い合わせについて

本書に関するご質問については、本書に記載されている内容に関するもののみとさせていただきます。本書の内容と関係のないご質問につきましては、一切お答えできませんので、あらかじめご了承ください。また、電話でのご質問は受け付けておりませんので、必ずFAXか書面にて下記までお送りください。なお、ご質問の際には、必ず以下の項目を明記していただきますようお願いいたします。

1 お名前
2 返信先の住所またはFAX番号
3 書名
　（ポイント＆スマホ決済＆電子マネー完全攻略ガイド）
4 本書の該当ページ
5 ご質問内容

なお、お送りいただいたご質問には、できる限り迅速にお答えできるよう努力いたしておりますが、場合によってはお答えするまでに時間がかかることがあります。また、回答の期日をご指定なさっても、ご希望にお応えできるとは限りません。あらかじめご了承くださいますよう、お願いいたします。ご質問の際に記載いただきました個人情報は、回答後速やかに破棄させていただきます。

■問い合わせ先

〒162-0846
東京都新宿区市谷左内町21-13
株式会社技術評論社　書籍編集部
「ポイント＆スマホ決済＆電子マネー 完全攻略ガイド」質問係
FAX：03-3513-6167
URL：https://book.gihyo.jp/116

■著者略歴

クレナビ管理人

26歳男性。嫁と0歳の娘の3人暮らし。「クレナビ（https://card-life.jp/）」の管理人で、クレジットカードやポイ活を中心とした節約情報を発信している。クレジットカードの魅力にハマり、累計25枚のクレジットカードを所有している。将来はファーストクラスに乗って海外旅行するのが夢で、それに向けてANAマイルをコツコツ貯めている。

ポイント＆スマホ決済＆電子マネー
完全攻略ガイド
キャッシュレスで得する秘技

2019年6月1日　初版　第1刷発行

著　者●クレナビ管理人
発行者●片岡　巌
発行所●株式会社 技術評論社
　　　　東京都新宿区市谷左内町21-13
　　　　電話 03-3513-6150　販売促進部
　　　　　　 03-3513-6160　書籍編集部
編集●春原　正彦
装丁●井上　新八
本文デザイン・DTP●安達恵美子
本文イラスト●スタジオ・キャロット
製本／印刷●昭和情報プロセス株式会社

定価はカバーに表示してあります。
落丁・乱丁がございましたら、弊社販売促進部までお送りください。交換いたします。
本書の一部または全部を著作権法の定める範囲を超え、無断で複写、複製、転載、テープ化、ファイルに落とすことを禁じます。

ISBN978-4-297-10541-9 C2033
© 2019　山岡建太
Printed in Japan